PRODUCCIÓN DE CINE DIGITAL

Arnau Quiles / Isidre Monreal

PRODUCCIÓN DE CINE DIGITAL

MA
NON
TROPPO

© 2017, Arnau Quiles / Isidre Monreal

© 2017, Redbook Ediciones, s. l., Barcelona

Diseño de cubierta: Regina Richling

Diseño interior: Amanda Martínez

Fotografía de interior p. 123: © Fernando Trueba P.C., Estudio Mariscal, Magic Light Pictures.

ISBN: 978-84-946504-9-9
Depósito legal: B-13.412-2017

Impreso por Sagrafic, Plaza Urquinaona, 14 7º 3ª, 08010 Barcelona

Impreso en España - *Printed in Spain*

ÍNDICE

Índice 9

INTRODUCCIÓN

Las nuevas tecnologías digitales están cambiando de una manera vertiginosa la manera en que vemos y registramos nuestro entorno. Hoy en día toda persona tiene una cámara en su mano –en forma de teléfono móvil– y gracias a Internet puede ofrecer al resto del mundo unas imágenes de una calidad impensable hasta hace pocos años. ¿Cómo afecta este fenómeno a la producción audiovisual tradicional? ¿Acaso el medio se ha democratizado hasta tal punto que ya no se puede distinguir entre profesionales y *amateurs*? ¿Y si los costes se han abaratado tanto, se pueden producir hoy películas por una fracción de lo que valían antes?

Este libro busca dar respuesta a todas estas preguntas y guiar progresivamente al cineasta novel en su camino para lograr realizar una película exitosa con los mínimos medios necesarios, un proceso ahora posible gracias a la transformación digital que marcará radicalmente nuestro siglo.

1

EL CINE Y EL ENTORNO AUDIOVISUAL

La digitalización de la industria audiovisual

Durante las últimas dos décadas la industria cinematográfica ha vivido su mayor transformación tecnológica desde que los hermanos Lumière presentaran su ya legendario cinematógrafo en la mítica sesión de 1895. La historia del cine ha sido en gran medida un diálogo entre el lenguaje propio que nace y se desarrolla con el medio, y la evolución técnica que moldea paso a paso un arte relativamente joven pero que ha transformado completamente la manera en que los seres humanos explican historias, a la vez que ha generado una industria multimillonaria que tiene presencia en prácticamente todos los países del mundo, y que ha logrado reflejar como pocos otros medios la diversidad estética y cultural de nuestra sociedad.

Hitos tan diversos como la invención del montaje cinematográfico, el cine sonoro, el color, el cinemascope, el 3D, o más recientemente la llegada de Internet, han ido construyendo y modificando los modos en que los creadores fílmicos se plantean las formas de abordar sus obras, la

Cinematógrafo Lumière

manera en que estas se presentaban y ofrecían al público y los métodos según los cuales se explotaban económicamente dichas obras.

Aún más si cabe, la metamorfosis del medio se fue acelerando a partir de otra de las invenciones claves del siglo XX, la televisión, y su paulatina introducción en nuestros hogares a partir de la década de los cincuenta. Durante décadas la separación entre cine y televisión fue esencialmente una división técnica: el cine era un medio que utilizaba el soporte fotoquímico para ser filmado y proyectado mientras que la tele era un sistema electrónico que utilizaba señal de vídeo, aunque por supuesto en sus inicios utilizara también la película fílmica. Por supuesto la divergencia entre los dos medios no se limitaba a este factor ya que sus naturalezas fueron en su origen bien distintas, pero sí puede afirmarse que el soporte tecnológico era la frontera que delimitaba sus territorios.

Sin embargo, a medida que más y más creadores cinematográficos empezaron a utilizar tecnologías de vídeo para grabar sus películas, la diferencia entre vídeo y cine se fue haciendo cada vez más difusa y ambigua, y la separación entre TV y cine fue ya puramente una cuestión de lenguaje, de contenidos y de modos de producción.

Moviola vertical

El cine se hace moderno

Ya en los años setenta algunos algunos cineastas de la talla de de Jean-Luc Godard, Michelangelo Antonioni o Roberto Rossellini empezaron a utilizar el vídeo para filmar sus películas. Y esa era una elección muy notable ya que no solamente contravertían las reglas de una industria consolidada durante décadas, sino que además vulneraban uno de los factores más esenciales del cine: su valor estético. En efecto, el hecho de registrar imágenes sobre un soporte fotoquímico como la película ofrece al cine unas cualidades muy particulares, el grano, la luz, son únicas y permiten transmitir un tipo de imagen que a menudo puede evocar el mundo onírico. Por otro lado, la tecnología cinematográfica se basa en el procedimiento de reproducir un número determinado de fotogramas por segundo interrumpidos por fases de oscuridad para aprovechar el fenómeno conocido como persistencia de la visión, y generar así la ilusión de movimiento en nuestro cerebro. En la época del cine mudo la frecuencia más común de fotogramas era de 18 por segundo mientras que con la llegada del cine sonoro este ratio se incrementó hasta los 24 fotogramas por segundo, medida que desde entonces se ha considerado la estándar.

Cámara de cine

Este número de imágenes o fotogramas por segundo, también llamado tasa de refrescamiento, no deja de presentar una serie de limitaciones en la reproducción de secuencias fílmicas. De alguna manera las imágenes que el espectador percibe no son del todo perfectas o definidas, y esto le otorga al cine otra cualidad que lo distingue de la realidad más prosaica de nuestra percepción. ¿Quién puede imaginarse a personajes míticos del cine como Scarlett O'Hara, Michael Corleone, Antoine Doinel o Plácido sin esa pátina de luz sublime, grano ruidoso y vibración tenue del proyector que los convierte en seres de ensueño? De nuevo uno de los criterios diferenciadores de la imagen, y a menudo ensalzadores de sus valores respectivos, entre cine y vídeo fue esta colección de «imperfecciones» que al filo de los años habían acabado por hacer mella en el ojo y la memoria del espectador, el cual ya no podía juzgar como «cine» una imagen electrónica demasiado fría y banal aunque más realista respecto a su proceso de registro del entorno.

Cámara de vídeo y magnetoscopio

La informatización del medio

En paralelo a la evolución del cine, de la televisión y del vídeo, una nueva invención iba a transformar completamente la vida de los seres humanos, los ordenadores. Sin duda hoy en día ese debate está más vivo que nunca ya que nos encontramos en los albores de la llamada cuarta revolución industrial o revolución digital. El término digital se refiere al conjunto de dispositivos que utilizan un medio numérico para la generación, transmisión, procesamiento o almacenamiento de datos. En ese sentido lo digital difiere tanto del soporte óptico como la película fotoquímica, como del soporte analógico que representa el vídeo tradicional, es decir un proceso electrónico que genera una señal continua grabada generalmente sobre un soporte magnético u óptico.

Aunque su origen puede encontrarse mucho más atrás, la evolución de lo digital se considera generalmente asociada a la historia de los ordenadores y de la informática. Y más particularmente en el caso que nos concierne al procesamiento digital de la imagen. Este es tan antiguo como uno de los primeros grandes ordenadores, el ENIAC, implementado por primera vez en 1946, aunque el primer avance significativo en cuanto a computación gráfica no llegará hasta 1962 con el desarrollo del *sketchpad* de Ivan Sutherland.

Camcorder Betacam Digital

A partir de ese momento el camino hacia la digitalización de todos los datos y componentes visuales sería imparable, y si bien la industria del vídeo analógico vivía su momento de gloria en los años ochenta, con formatos de grabación y distribución de contenidos audiovisuales en cinta como el VHS o el Betamax, y más adelante *camcorders* y magnetoscopios domésticos en formato Vídeo 8 o profesionales como el U-matic y el Betacam, la llegada de los sistemas de vídeo digital, cuyas ventajas se anunciaban años antes, había de hacerse a finales del siglo anterior, un lugar de tal magnitud que nada volvería a ser igual en el mundo audiovisual.

El futuro es digital

La llegada de los formatos digitales se hizo de forma natural dentro del entorno del vídeo, en donde básicamente el popular sistema DV digital video mejoraba sustancialmente los productos analógicos. Posteriormente se implementó en televisión y finalmente llegó al cine, siendo este el medio que más se resistió a su implementación, y eso fundamentalmente por las causas que hemos mencionado anteriormente. A finales de los años noventa y principios de los 2000 fue bastante común entre la comunidad cinematográfica poner de relieve el estéril debate sobre si realmente se podía llamar cine a una película registrada con medios digitales y no sobre celuloide. Algunas voces de importantes cineastas se elevaron para defender lo que según ellos era un atentado, un verdadero asesinato de una arte, una tradición y una artesanía elaborada, y no se cansaban de proferir las mil virtudes del viejo material, sus aspectos superiores, su belleza absoluta y su increíble capacidad para transmitir emociones de las que jamás una máquina que codificaba en ceros y unos sería capaz.

Sea como fuere, el debate fue breve. Apenas una década después hasta los mayores adalides que guardaban celosamente los valores del «in celluloid we trust» (dixit de Werner Herzog) se habían convertido convencidos al nuevo estándar digital. Y eso se debió principalmente a tres factores:

Por un lado la capacidad no-destructiva del medio. Al tratarse de un entorno digital, las imágenes y el sonido registrados digitalmente eran fáciles de copiar y de reproducir de forma prácticamente infinita, a diferencia del medio analógico que ofrecía la limitación del entorno de la copia magnética, con una pérdida efectiva de calidad a cada paso. Ahí donde una copia digital es virtualmente idéntica a otra, cualquier medio basado en copia analógica presenta una desventaja evidente.

La capacidad de grabación y almacenaje digital fue otro de los elementos determinantes en la masiva adopción que la industria hizo de las nuevas herramientas. Efectivamente, aunque los primeros formatos DV se registraban aún sobre cinta, fue solo una cuestión de tiempo para que los soportes que aprovechaban al máximo las capacidades digitales —discos duros, DVD, Blu-ray— se impusieran definitivamente a los anteriores. Mejor optimización de la tecnología, copia infinita sin pérdida de calidad, y sobre todo cámaras

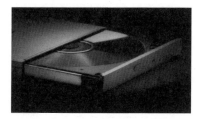

Disco Blu-ray

más livianas, eficientes y versátiles, cuya calidad y resolución de imagen se fue acercando poco a poco a sus competidoras de cine, fueron el golpe de gracia definitivo a una transición inexorable.

Sin embargo el motivo definitivo que permitió efectuar el salto definitivo al entorno digital fue sin duda la digitalización global que vivieron no solo los medios sino en general todos los datos que actualmente conforman numerosos aspectos prácticos de nuestra vida de cada día. La posibilidad de filmar, grabar, procesar, transformar, almacenar, distribuir, presentar y compartir la información mediante medios y a través de redes digitales, de forma efectiva, con una calidad incomparable y unas limitaciones cada vez menores, se ha convertido en el argumento definitivo para la adopción del medio.

El advenimiento de Internet como fabulosa red de intercambio de todo tipo de informaciones ha supuesto también una aportación más que notable a la posibilidad de difundir y compartir todo tipo de experiencias personales, y por supuesto de producciones de cine, las cuales han vivido un lento pero constante proceso de transformación desde un método industrial complejo, elitista y prácticamente inasequible económicamente hacia una experiencia mucho más simple, abordable y en general democrática, y todo eso debido única y exclusivamente a los medios digitales.

Francis Ford Coppola, uno de los cineastas consagrados más importantes de su generación llegó a decir, tras experimentar con una cámara de cine digital, que el futuro del cine sería algún o alguna joven que con una de esas cámaras haría una película y se convertiría en el nuevo Mozart del cine.

Contar historias de forma visual y sonora

El cine es ante todo un medio audiovisual y esa cualidad ha moldeado durante décadas la forma en que se cuentan historias a través de él. No solamente eso sino también cómo se muestra la realidad, se informa de lo que sucede, se enseña, se adoctrina, se comparte, se comunica... A lo largo de los años ese lenguaje que es a la vez tan joven y tan sofisticado se ha ido transformando a medida que los distintos hitos que lo impactaban –avances en sonido, televisión, Internet,...– generaban nuevas formas de narrar y permitían que los creadores fílmicos experimentaran con nuevos lenguajes, herramientas y tecnologías.

Ya el neorrealismo italiano, de finales de los años cuarenta, utilizaban elementos propios del cine documental al sacar los rodajes fuera de los estudios y utilizar decorados naturales y luz ambiente. La *Nouvelle Vague* francesa de los sesenta no solo recuperó esos elementos sino que además adaptó otros propios de la dinámica de los rodajes de televisión –cámara en mano, flexibilidad de la producción y la realización, montaje altamente fragmentado–, estableciendo así un nuevo estándar en la manera de crear películas que definiría el arte audiovisual a partir de entonces.

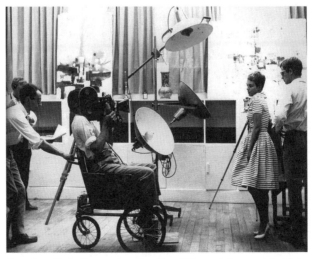

Jean-Luc Godard y su operador Raoul Coutard durante el rodaje de *À bout de souffle* con el célebre *travelling* realizado con una silla de ruedas.

Hoy en día sería inconcebible pensar un cine que no estuviera influenciado por las nuevas tecnologías de la información –Internet, el *smartphone*– ya que estos medios han aportado un nuevo paradigma al lenguaje audiovisual, ya no solo en forma de técnicas digitales que han permitido que prácticamente cualquiera pueda acceder a unos medios que antiguamente eran muy costosos y solo reservados a unos pocos, sino que además han generado unos nuevos estilos de lenguaje audiovisual que consiguen conectar con millones de espectadores a través del mundo, y eso en un crecimiento exponencial que parece estar apenas dando sus primeros pasos.

Tecnología y lenguaje

Sin embargo los elementos propios al lenguaje cinematográfico, y por extensión a todo lenguaje audiovisual, no han variado notablemente desde sus inicios. La construcción visual de los planos, la secuenciación de la narrativa, el montaje, la interpretación, la escritura del guion, el estilo de realización.. Todos esos factores ya se encontraban en una avanzadísimo estado de desarrollo hace cien años, y lo único que han hecho es evolucionar a merced de los cambios sociales, tecnológicos, estilísticos e incluso podría decirse que historiográficos que han marcado el siglo XX y el inicio del XXI. Si la manera de narrar audiovisualmente ha sido permeable a las transformaciones que nuestro mundo ha vivido a lo largo de esos años, convirtiéndose en un verdadero testigo de los acontecimientos que definían el mundo por venir, ha sido justamente por esa extraordinaria capacidad de adaptarse técnica y formalmente que el cine posee, algo que ha llevado a algunos a considerarlo el arte más importante que ha nacido de la mente humana, o tal vez el más completo, ya que aúna diversas disciplinas –literatura, fotografía, arte dramático– en un mismo contenido. Una capacidad transformativa que se ha incrementado y multiplicado hasta el infinito con el advenimiento de una tecnología nueva, la Red, que ha permitido en gran medida poner una pantalla en la mano de cualquiera. Si en el pasado las pantallas de cine eran escasas y limitadas a las viejas y nobles salas de cine, posteriormente aparecieron las televisiones, luego los reproductores de vídeo y finalmente las pantallas de ordenador, hoy los nuevos dispositivos móviles han permitido que el audiovisual pueda llegar a cualquiera y en cualquier parte, y además sea accesible, modificable e interactivo. Muy pronto el nuevo estándar en telefonía móvil, el 5G, permitirá que en la palma de nuestra mano se desplieguen imágenes formidables en calidades y resoluciones que hasta hace poco eran impensables, 4K - 8K, y que éstas sean reproducibles al instante.

Esta evolución es la que sin duda ha modificado la industria cinematográfica, pues no solamente las herramientas digitales permiten que cualquiera pueda acceder

Cámaras de *smartphones*

a unos modelos de creación antes reservados a producciones enormemente costosas, sino que además la nuevas plataformas de Internet ofrecen opciones extraordinarias para ofrecer las películas a millones de espectadores, como es por ejemplo el caso de Youtube. Sin duda este nuevo escenario es aún hoy tan reciente que está generando todo tipo de debates sobre su viabilidad o no. Y aunque es cierto que en estos momentos están conviviendo diversos modelos de producción de películas, desde las superproducciones hollywoodienses hasta los minúsculos cortometraje realizados por amateurs y presentados gratuitamente en las redes, no puede negarse que el modo en que las películas se filman, se montan, posproducen y distribuyen al público ha sido completamente alterado, y eso afecta potencialmente a la manera en que éstas se conciben, se escriben, se financian y, finalmente, se amortizan. Algunos cineastas consagrados sufren justamente esta metamorfosis: sus obras fueron creadas en un momento de plenitud económica y siguieron los modelos convencionales de la producción fílmica, con el enorme coste que eso conllevaba. Hoy apenas consiguen obtener medios para garantizar sus rodajes de tan alto coste y perciben la distribución de sus obras on-line como un acto de traición. Una actitud muy distante de toda una nueva generación de jóvenes creadores que, muy al contrario, han visto en Internet una ventaja única y fabulosa para mostrar sus trabajos realizados con medios técnicos mucho más asequibles que antaño, y tal vez ser descubiertos para acceder a un tipo de producción mayor.

Porque aunque es cierto que hoy se puede realizar una película por muy poco dinero, o incluso prácticamente nada, y distribuirla gratuitamente en Youtube, saltándose así los peajes de la distribución y la exhibición tradicionales, la gran industria sigue produciendo obras que cuestan cientos de millones de dólares, emplean a miles de profesionales, artistas y técnicos en cada producción, y copan de títulos un mercado extremadamente competitivo, el de la distribución cinematográfica, que a pesar de vivir una crisis progresiva desde los años ochenta ha logrado sostenerse en la última década, en parte debido a la apertura de nuevos mercados masivos como es el caso de China, y que muestra notables signos de mejoría aún con la omnipresente presencia de la piratería en Internet. Ésta, según los datos ofrecidos por las distribuidoras, estaría haciendo perder cada año miles de millones de dólares en beneficios a las productoras cinematográficas, ya que paradójicamente la posibilidad de visualizar la películas en las pantallas del ordenador, del móvil o de la tableta de forma totalmente gratuita hace que haya hoy más espectadores que en toda la historia del cine. Un beneficio extraordinario que se pierde en pos de otras industrias más recientes aunque muy poderosas, el caso de los videojuegos, que en el año 2015 logró por primera vez superar en beneficios netos al cine. Este fenómeno propio de la era ha elevado el tono de reivindicación de los distintos actores de la industria para que los legisladores definan unos marcos de acción más duros contra la usurpación de la propiedad intelectual. Se trata de un debate complejo que atañe a muchos ámbitos y que no parece que se pueda solucionar de forma breve.

La televisión: la nueva reina

Sea como fuere, las últimas dos décadas han visto cómo gran parte del talento del cine se ha ido desplazando hacia el medio que antaño fuera su gran rival: la TV. Hoy la calidad de las producciones televisivas, especialmente las series, se encuentra al mismo nivel, si no más, que el de las películas. Eso ha sido motivado en gran parte debido a dos factores: por un lado el incremento progresivo de los presupuestos de esas producciones, y por otro el hecho de desarrollar una nueva fidelidad en el espectador, que sigue esas historias a lo largo de meses y años incrementando así la fidelidad a los nuevos protagonistas, los canales privados de televisión por cable, y más recientemente incluso las grandes empresas del sector digital. Basta con decir que al lado de inmensos *networks* como HBO o ABC han aparecido nuevas y extraordinarias producciones originales de la mano de Netflix, otrora un servicio de alquiler de películas VHS y DVD por vía correo y ahora reconvertido en canal de distribución *online* de contenidos, o Amazon Studios, el gigante de las ventas por Internet, que ahora produce también algunas de las series más excepcionales que ha visto la pantalla. Con la progresiva entrada de empresas de telefonía como Orange o Internet como Facebook, Google y Youtube, el entorno de la producción audiovisual se halla en plena revolución. Y esa efervescencia no hace sino predecir un futuro emocionante y próspero para un medio poderoso que abarca desde el entretenimiento hasta la docencia, a menudo con unas posibilidades por descubrir. Es imposible hoy discernir entre una producción de cine pensada para ser explotada en las salas comerciales de una serie de presupuesto multimillonario que se desarrolla a lo largo de una década entera. Ambas tienen facturas similares, elementos de producción idénticos y procesos de creación análogos. Lo único que las diferencia es la duración y el planteamiento general que eso conlleva, tanto a nivel de fabricación como de distribución. Pero a todos los efectos entenderemos que el llamado cine digital se aplica tanto a unas que a otras y que no existe verdaderamente una diferencia en su esencia por mucho que una tenga una duración de 100 minutos y se vea en un cine, y las otra 5 temporadas de diez capítulos de 60 minutos cada uno.

Pantalla TV de plasma

Lo cierto es que esa industria que florece de nuevo y parece tener un brillante futuro, habiéndose reinventado tanto a nivel económico y tecnológico como entorno a su explotación, necesita cada vez más profesionales, artistas y técnicos. Las escuelas de cine y audiovisual viven su mejor momento porque no únicamente son capaces de formar a alumnos capaces de emprender casi cualquier tarea dentro de la creación de un filme, sino que además estos tienen hoy una ventana digital incomparable para mostrar sus trabajos al mundo.

La gran industria no es ajena a este fenómeno y prueba de ello es el Your Film Festival, promovido por Youtube y cineastas de la reputación de Ridley Scott. En su primera edición el vencedor fue un joven cineasta barcelonés, David Victori, quién se alzó con el primer premio gracias a sur corto *La culpa*, lo cual le abrió las puertas a la realización de su primer largometraje.

Tablet

Así, tras casi 125 años desde que los hermanos Lumière presentaron su primer cinematógrafo en París, el cine ha ido mutando progresivamente para adoptar diversas formas aunque su lenguaje original no haya variado tan ostensiblemente. Hoy sus medios de difusión son mayores que nunca y su capacidad de llegar al público es verdaderamente enorme. La producción se ha simplificado y abaratado hasta límites inconcebibles hasta hace poco tiempo, y este factor ha permitido la llegada al medio de nuevos y extraordinarios talentos cuya labor no espera sino ser descubierta para revolucionar, una vez más, la fábrica de sueños, la más fabulosa de todas las artes.

Youtube

Formatos de imagen cinematográficos

Si, como comentábamos anteriormente, hubo un tiempo en que se podía distinguir entre cine y televisión, o cine y vídeo con respecto a sus formatos, hay que especificar que hoy en día esa distinción ha desaparecido prácticamente. Y de nuevo el factor determinante ha sido la tecnología.

El término HD –Alta definición– se ha banalizado a medida que cámaras digitales domésticas y televisores adoptaban ese nuevo formato, por contraposición al SD –definición estándar– que mantuvo la TV durante décadas, y que era la norma entre la primeras cámaras digitales alejándolas así de las calidades «cine», un concepto hoy obsoleto puesto que incluso cualquier *smartphone* es capaz de filmar en alta definición. Es fácil perderse entre la jungla de denominaciones que se cruzan entre el terreno profesional, el doméstico y el comercial –1080p, 720p, TrueHD, FullHD, 4K, 8K– y para ello es interesante elaborar dos cuadros: uno relativo a las resoluciones medidas en píxeles de la imagen digital, teniendo en cuenta que por otro lado existen otras resoluciones «bajas» o *low definition*, propias del mundo Internet, y otra respecto a las relaciones de aspecto de la propia imagen, eso es la relación entre altura y ancho del cuadro en el que se presenta la película. Este elemento de Aspect Ratio no es un elemento menor, puesto que se reveló como una de las grandes armas que el cine utilizaba para competir contra el formato casi cuadrado de la TV, el famoso 4/3 o cuatro tercios, que también era la relación de aspecto propia de la película de 35mm, el soporte más genérico en las producciones cinematográficas. Para disociarse del cuadro televisivo el cine se fue haciendo cada vez más panorámico, añadiendo un elemento de espectacularidad o incluso de grandilocuencia al cuadro fílmico, y por tanto alterando paulatinamente el tipo de fotografía, de encuadre, de tratamiento de los personajes en la pantalla, lo cual define el tipo de realización que el director usa según el formato de imagen empleado.

En su excelente y ya clásico manual *Gramática del lenguaje audiovisual*, Daniel Arijón nos ilustra sobre cómo una misma escena se tiene que abordar de forma totalmente distinta si es filmada en clásico

Pantalla de cine

4/3, el formato más extendido hasta los años cincuenta o por ejemplo en Cinemascope, con una relación en la que el ancho de la pantalla llega a ser 2,35 veces el alto. A menudo la decisión formal del cuadro es una opción artística. Stanley Kubrick se mantuvo generalmente firme al 4/3 de la película 35mm mientras que Quentin Tarantino solo usa formatos similares al Cinemascope, llegando incluso a recuperar tipos de película olvidados como el Ultra Panavision 70mm, con una impresionante relación de aspecto de 2,76 a 1.

Lo cierto es que décadas de lenguaje fílmico en panorámico determinaron de alguna manera una preferencia por este tipo de formato y el advenimiento del medio audiovisual digital se hizo con formato 16/9 o dieciséis novenos, correspondiendo a una relación de aspecto de 1,77 a 1. Este formato se ha mantenido estable dentro del medio televisivo, y aunque las producciones cinematográficas sigan utilizando otros *aspect ratio*, la norma actual se ha establecido en este 16/9 como muestran tanto televisores como ventanas de Youtube.

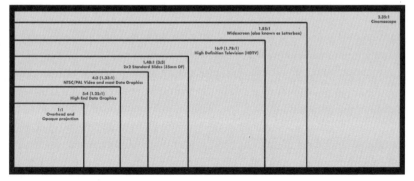

Relaciones de aspecto cinematográficas

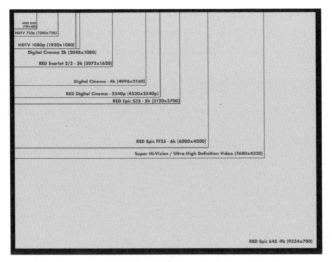

Resoluciones de imagen HD

La alta definición

La resolución teórica de la película de 35 mm es mayor que la del cine digital 2K. La resolución de 2K (2048 × 1080) también es sólo ligeramente mayor que la de 1080p basada en el consumidor HD (1920x1080). Sin embargo, dado que las técnicas de postproducción digital se convirtieron en el estándar a principios de los años 2000, la mayoría de las películas, ya sean fotografiadas digitalmente o en películas de 35 mm, han sido rodadas y editadas en resolución de 2K. Además, la postproducción 4K se está volviendo más común. Como los proyectores son reemplazados por modelos 4K la diferencia de resolución entre la película digital y 35 mm se ha reducido notablemente.

La estandarización del formato HDTV 1080p ha llevado por vez primera a los sistemas de vídeo doméstico a emular calidades que anteriormente solo estaban al alcance de equipos costosos reservados al terreno profesional. Eso por supuesto no significa que la imagen cinematográfica sea definida únicamente por su resolución, ya que hay que tener en cuenta que las cámaras de cine utilizan ópticas que permiten obtener unos resultados asombrosos tanto a nivel de captación de la luz, registro del detalle y amplitud de colores y sombras, como de capacidades expresivas ligadas a su manejo de la profundidad de campo y el desenfoque. En ese sentido es imposible que un *smartphone*, aunque grabando vídeo HD de forma excepcional, le haga sombra a una poderosa cámara de cine digital equipada con una lente del tipo *master* prime.

Cámara de cine digital Red One

Aún así, la transición de la industria hacia el terreno digital no fue un camino de rosas. Durante años los defensores del soporte fotoquímico, la verdadera y justa denominación del término película, esgrimieron numerosos argumentos en contra de la capacidad del cine digital para equipararse en calidad, y como hemos mencionado anteriormente, a la esencia y belleza del celuloide. Hubo que esperar hasta 2002 para que algunas grandes producciones norteamericanas que usaban cámaras digitales demostraran que era posible crear cine, en igualdad de condiciones, con un equipamiento 100% digital. A priori las nuevas herramientas ya habían tomado posiciones en el campo de la edición y de la postproducción, sustituyendo de manera cada vez mayor las viejas mesas de montaje, como las moviolas, por modernos sistemas informatizados de edición no-lineal. El siglo XXI vio cómo poco a poco las herramientas de captación de imágenes iban ganando terreno y apartando progresivamente al viejo, noble y dificultoso celuloide. Una vez superada la barrera de la calidad ya quedaban pocos argumentos en favor del antiguo medio, tanto las mejoras a nivel de producción, filmación y posteriores procesos hacía mucho más fácil y asequible la creación de películas.

Hoy la transición desde las tradicionales cámaras de 35mm hacia las modernas cámaras HD como la Arri Alexa, la Red One, la Blackmagic o la Sony F65 es prácticamente absoluta, y nos hemos acostumbrado a nuevos tecnicismos como RAW, Log, espacios de colores, 2K, 4K, 8K, sensores y un largo etcétera. Lo cierto es que por contraposición a la resolución HD propia de *camcorders* o incluso teléfonos, en general de 1920x1080 píxeles, el primigenio cine digital se estableció en unos ahora modestos 2K, es decir 2048x1080 o 2,2 megapíxels. Pero la que anteriormente fuera una batalla en torno al tamaño y la relación de aspecto para distinguir al cine de la televisión, se repite hoy en cuanto a las resoluciones cada vez mayores de cámaras, proyectores y televisores, elevando el estándar profesional hasta los 4K (4096x2160 o 8,8 megapíxels), y apuntando a resoluciones aún mayores como el 6K, el Ultra High Definition Video o el impresionante 9K que permite la cámara Red Epic 645. Todo este volumen de datos digitales hace, por supuesto, que el manejo de estos archivos sea mucho más caro y complejo, manteniendo así una suerte de bastión que separa el universo profesional del aficionado.

La frontera de la imagen

La carrera por la calidad de imagen está hoy más viva que nunca, siendo este un factor determinante no solamente en las producciones cinematográficas y la progresiva adopción de proyectores digitales por parte de los cines, sino sobre todo un argumento comercial de peso para los fabricantes de cámaras, proyectores, televisores y reproductores de imagen de todo tipo. Esta competición, sin embargo, está siendo ganada poco a poco por los fabricantes de móviles y de cámaras alternativas, por ejemplo las *action cam* tipo GoPro, que por mucho menos logran ofrecer unas calidades sorprendentes, así como unos usos inesperados en cuanto a la creación de imágenes se refieren. Y aún más si se tienen en cuenta dispositivos aún más recientes como las cámaras de grabación de vídeo en 360º para Realidad Virtual, un modelo de filmación que redefine (de nuevo) el propio lenguaje del cine

Cámara GoPro

y la manera en que contamos las historias a través del audiovisual y del que hablaremos más adelante.

La rápida evolución de los medios informáticos, la capacidad de computación, de almacenaje y de distribución digital, así como la rápida expansión de las tecnologías de la información y la comunicación no hacen sino indicarnos que la técnica es cada vez más asequible, y que por lo tanto es puramente cuestión de tiempo de que esa carrera por la calidad sea cada vez menos importante ya que cualquier dispositivo será capaz de reproducirla. Pero aún más importante es la reflexión que hizo Coppola, o aún otros grandes directores como Mike Figgis o Lars von Trier al descubrir las pequeñas cámaras digitales, que por entonces ofrecían apenas una cuarta parte de la calidad estándar de hoy en día, a saber, que hoy cualquier cineasta con una buena historia puede coger un iPhone y hacer una película maravillosa que emocione a millones de espectadores a través del mundo. Por vez primera en la historia del cine, la tecnología, los costes de producción y las tradicionales barreras que impedían que se hicieran películas de forma rápida, eficiente y barata, han desaparecido de verdad. Si un creador tiene la voluntad, la perseverancia y la capacidad de trabajo para llevar a cabo su proyecto cinematográfico, ya no existe ningún factor en el medio que pueda frenarle a la hora de llevarlo a cabo.

Casco de realidad virtual

Algunos datos

- **1958:** *Vértigo* de Alfred Hitchcock: en la secuencia de créditos, creada por Saul Bass y John Whitney, aparecen los primeros gráficos generados por ordenador en una obra cinematográfica.

- **1980:** *El misterio de Oberwald* de Michelangelo Antonioni: primer telefilm rodado en vídeo analógico que se estrena en salas de cine.

- **1982:** *Tron* de Steven Lisberger: primer film que integra efectos visuales digitales a gran escala.

- **1993:** *Parque Jurásico (Jurassic Park)* de Steven Spielberg: película que se considera la primera que populariza los efectos visuales digitales, iniciando la transformación de la industria cinematográfica hacia el medio digital.

- **1995:** *Toy Story* de John Lasseter: primera película de animación creada enteramente de forma digital 3D.

- **1997:** *Los idiotas (Idioterne)* de Lars von Trier: primera película rodada con una cámara de vídeo Sony dcr-vx1000 SD digital.

- **2000:** primera proyección pública de cine digital en Europa realizada en París, utilizando el sistema MEMS (DLP CINEMA, Procesado digital de luz) desarrollado por Texas Instruments.

- **2002:** *Star Wars Episode II: Attack of the Clones* de George Lucas: primera película filmada con la cámara Sony HDW-F900 digital a 24 fotogramas por segundo.

- **2002:** *El arca rusa (Russkiy kovcheg)* de Aleksandr Sokúrov: primera película grabada en un solo plano secuencia con grabación directa a disco duro digital.

- **2004:** *Collateral* de Michael Mann: primera película grabada con el sistema Viper de Grass Valley y Technicolor que no realiza ninguna compresión ni reducción de color o espacio.

- **2008:** *Che* de Steven Soderbergh: primera película rodada con una cámara Red One.

▶ **2009:** Anthony Dod Mantle gana el Óscar a la mejor fotografía por una película rodada en cine digital, *Slumdog Millionaire* de Danny Boyle.

▶ **2010:** *La red social (The social network)* de David Fincher: primera película rodada con Red One y distribuida directamente a salas de cine en un formato 4k.

▶ **2011:** *Olive* de Hooman Khalili: primera película rodada con un teléfono móvil.

▶ **2015:** *Hardcore Henry* de Ilya Naishuller: primera película rodada íntegramente en punto de vista de primera persona, principalmente con cámaras GoPro.

▶ **2017:** *Carne y arena* de Alejandro González Iñárritu: primera película de realidad virtual presentada en el Festival de cine de Cannes.

2

PRIMEROS PASOS EN UNA PRODUCCIÓN AUDIOVISUAL

La manera normal de como nos llega una película o como nos llega un proyecto de película, es cuando un guionista (o director-guionista) presenta su guion a un productor. En este punto, os podéis identificar con cualquiera de los dos roles. Y, aunque seáis amigos (director y productor) y el proyecto sea *low cost*, es muy sano seguir el protocolo que vamos a describirlos.

Un proyecto cinematográfico debe entenderse como la idea a realizar, la cual será la pactada entre el director y el productor. Si el director y el productor no llegan a un acuerdo de como se tiene que realizar la obra audiovisual, el productor lógicamente no activará los medios para hacer la película. Y…, consecuentemente, no habrá película. Esa es la lógica y funciona muy bien.

Así, es el director el que tiene que convencer o consensuar «una visión» con el productor. (Esto quiere decir que el director «quizás» tendrá que ceder.) No hace falta decir que lo pactado es de obligatorio cumplimiento, si no el productor podrá sustituir al director (a veces se ha dado el caso) o peor aún…, puede llegar a plantearse el cierre de la producción. Tenéis que entender que si «el productor» no está totalmente convencido, no pondrá ni los medios ni el dinero, así de sencillo. Y si le decepcionamos, o no se cumple lo pactado, intentará tomar medidas para minimizar las pérdidas.

Lo primero que tiene que plantearse quien esté en el rol de productor cuando recibe un guion, además de leerlo, es analizarlo. Se trata de valorar las fortalezas y debilidades del guion. El objetivo, conseguir tener entre manos un proyecto por el que apostar y en el que creer sin fisuras.

Análisis del guion desde producción

Primero, como productores, leeremos el guion para ver las sensaciones que nos transmite. Anteriormente, ya tendremos una idea de la historia por su sinopsis, así que ahora se trata de comprobar cómo funciona su desarrollo. Una vez realizada esa primera lectura «orgánica», donde lo importante es estar pendientes de las sensaciones que recibimos, trabajaremos a nivel racional, con metodología. Pasaremos el texto por nuestro test de guion (cada productor tiene su propio test de guiones y diríamos más... guardará este test en secreto, porque forma parte de su receta personal de éxito). Además, el test es variable y adaptable dependiendo del género de la película propuesta, no será lo mismo una ficción que un largometraje documental.

Alguna de las preguntas que ahora os mostraremos no pueden faltar en vuestro test. Pero, desde ya, ir pensando que deberéis incorporar más preguntas al que será vuestro «test de productores propio», y conforme ganéis experiencia, os aseguramos las preguntas aparecerán de manera natural.

- ¿Cuál es el *story line* de la historia?
- ¿La historia tiene planteamiento, nudo, desarrollo, conflicto y desenlace? ...y, además ¿todas las partes de la narrativa están equilibradas?
- ¿El conflicto que nos presenta la historia es fuerte y claro?
- ¿La temática la podríamos explicar en 3 líneas?
- ¿El tema está implícito en la historia, lo hemos deducido nosotros mismos por la acción?
- ¿La acción es dramática?
- ¿Los protagonistas están bien definidos? Tienen motivaciones claras?
- ¿Nos interesa el protagonista y su problema?
- ¿Nos motiva el tema o está de moda?

▶ ¿La estructura tiene puntos de inflexión? Hay oscilaciones en la tensión dramática?

▶ ¿La historia tiene un clímax?

▶ ¿La resolución es coherente con la historia?

¿Cómo funciona este test de guion? Primero, tienes que ser totalmente sincero contigo mismo. Parece una afirmación muy evidente, pero los fracasos en cine están llenos de autoengaños. Si alguna de las cuestiones planteadas en el test no tiene respuesta positiva, deberemos aclararlo y pedirle al guionista o director que la subsane. Nuestro consejo es, hable con el director-guionista y comenta directamente todo lo que no convence, lo que no gusta y pregunta los porqués.

Por otro lado, si son muchas las respuestas en el test que no nos convencen... Nuestra recomendación, directamente, es descartar el proyecto. Muchas veces, cuando se tienen muchas ganas de producir algo nos podemos aferrar a un proyecto que cojea. Pensarlo de otra manera, que un mal proyecto no te impida recibir (quizás minutos más tarde) un muy buen proyecto...

➤ **NOTA:** Se debe generar un documento donde se tengan las preguntas del test y habilitar espacios de respuesta y observaciones.

Nombre del proyecto de la película:		
Guionista:	Contacto:	
Director:	Contacto:	
TEST	**Observaciones**	**Puntuación**
¿Cuál es el *storyline* de la historia?		
¿La historia tiene planteamiento, nudo, desarrollo, conflicto y desenlace?		
¿El conflicto que nos presenta la historia es fuerte y claro?		
¿La temática la podríamos explicar en 3 líneas?		
¿El tema está implícito en la historia, lo hemos deducido nosotros mismos por la acción?		

Plantilla de test de producción

Aceptación del proyecto

Imaginemos que nos hemos enamorado de la historia y creemos que esa producción debe ser nuestra. Quietos, tranquilidad, aún no está todo hecho!!! Nos faltan resolver unas cuestiones muy importantes antes de comprometernos con el proyecto, adquirir derechos o comprometer recursos y contratar personas. Una vez más, podéis poneros en cualquiera de los dos roles: el director que presenta el proyecto o el productor. Tenemos que contestarnos a nosotros mismos con sinceridad a unas cuestiones. Como ves, se trata de un trabajo reflexivo, que como no puede ser de otra manera, será totalmente personal.

▶ ¿Se puede adecuar el proyecto a las posibilidades como productor?

▶ ¿La historia pactada es adecuada para desarrollar el concepto y el tema?

▶ ¿Estamos totalmente de acuerdo con el director (o el productor) en el género y el tratamiento escogido? ¿Creemos realmente es el idóneo?

No podemos hacernos con el proyecto si no estamos convencidos de las respuestas, si hay alguna divergencia se tendrá que buscar una solución (quizás, por ejemplo, una coproducción sea necesaria). Una vez más, la recomendación será... si hay una o más respuestas negativas o sin solución... Hay que descartar.

Ahora bien, si la respuesta a todo es afirmativa... estar seguros, el universo ha trabajado para poner en nuestras manos esa historia... y quiénes somos nosotros para negarle algo al universo. Eso sí, insistimos... No os engañéis, que vuestras ganas de producir «lo que sea», no os hagan anticiparos y os quiten la posibilidad de encontraros con esa historia que está ahí fuera buscándoos y que sí merece ser producida.

Presupuesto del proyecto bajo línea

Para que la película sea una realidad, tenemos que tener una idea lo más concreta y real posible de cuánto va a costar producir la idea pactada entre el productor y el director y el tiempo necesario para realizarla. ¿Qué entendemos por presupuesto «estimado» bajo línea? Es la contabilización de todos los gastos que vamos a tener para llevar a cabo la película, desde su ideación, hasta el montaje final. Los gastos de comercialización quedarán fuera de esta estimación, pero si sois los productores tendréis que reservar y blindar una cantidad desde este preciso momento para ese fin... Tener la estimación de gastos no es una opción, es algo totalmente imprescindible y nos servirá para diseñar la planificación de la producción y de la estrategia de difusión de la película en base a nuestras fortalezas y debilidades.

En el presupuesto se incorporarán todos los gastos: administrativos, financieros, compra de derechos (músicas, imágenes archivo, etc.), construcción decorados, permisos rodaje, alquileres de todo tipo localizaciones y de material, como: vehículos (+combustibles), equipo técnico y artístico (+ dietas), catering, hoteles, viajes, sala de montajes, sonorización, procesos y copias de masterización, coste equipo humano, comunicaciones, presencia redes sociales, etc... Además, le añadiremos un porcentaje en concepto de margen de seguridad para imprevistos. No os preocupéis, cómo hacer este presupuesto y qué tenemos que añadir lo iréis aprendiendo a lo largo del libro. Por cierto, este presupuesto bajo línea lo realizará el director de producción. Esta figura, que os presentaremos más adelante, será la encargada de organizar y gestionar todos los medios técnicos y humanos para crear la película.

Etapas de la creación y difusión de una película

Fases de una película

Una película es el resultado de un trabajo en equipo, donde los diferentes profesionales implicados orientan sus esfuerzos a la consecución de la película pactada y proyectada por el director y el productor. Este proyecto, la realización y difusión de una película, es un proyecto altamente complejo y largo. Así, se pueden identificar las siguientes fases de proceso: Preproducción, producción, postproducción y distribución; las cuales casi se corresponden a las fases típicas de gestión de proyectos: Definición, planificación, ejecución y entrega.

PREPRODUCCIÓN   PRODUCCIÓN   POSTPRODUCCIÓN   DISTRIBUCIÓN

FASES DE LA PRODUCCIÓN DE UNA PELÍCULA

Fase de preproducción

Una vez se ha decidido poner en marcha la producción de la película, se tiene que diseñar un plan de trabajo donde se organizan todos los trabajos, se tienen que cerrar las contrataciones y se tiene que prever absolutamente todas las necesidades que se requieran. Esta fase del proyecto acostumbrará a ser la más larga. Curiosamente, en los proyectos que no son profesionales y que acaban siendo peligrosamente amateurs, convierten esta fase en la más corta. El motivo es porque como no se sabe qué es lo que se necesita hacer, entonces se decide iniciar la fase de rodaje sin la debida preparación y luego nos encontraremos con todos los problemas e imprevistos. El trabajo a realizar en esta fase, en realidad también el truco si no se ha hecho nunca, es organizar el día a día de todos los días del rodaje y comprobar que al final del proceso se han rodado todas las escenas previstas.

Fase de producción

Es la fase donde se realiza el rodaje, y se obtienen la mayoría de las imágenes y sonidos que formarán la película. Para iniciar esta fase, todos los trabajos organizativos tendrán que estar finalizados, nos referimos a la contratación del personal técnico y artístico, del alquiler de material técnico de rodaje tipo: cámaras, iluminación, eléctrico, coches, pisos, hoteles, localizaciones, etc. Y sobre todo, con las fechas comprometidas para el rodaje.

Y, aunque diferentes autores indican que los trabajos como creación de decorados, vestuario, etc., son propias de la fase de preproducción, a nosotros siempre nos ha gustado considerarlo como fase de rodaje. Realmente no importa en que fase lo consideréis, lo importante es tenerlo planificado. A nosotros nos parece romántico que la primera imagen de la película sea del departamento de arte haciendo el vestuario, ambientado una localización o construyendo un decorado... Porque las cámaras, luces, etc., ya llegarán... Así, con el inicio de esos trabajos, la fase de producción habrá empezado y la montaña rusa que es la producción de una película ya no deberá detenerse.

Fase de postproducción

Una vez tenemos las imágenes y el sonido directo, entraremos en las diferentes salas donde se realizará el montaje de la imagen, se etalonará el color, se realizará la mezcla de audio, se añadirán los efectos, los subtítulos, la infografía o se creará el DCP y sus copias, etc. Una vez acabado este proceso, ¡tenemos nuestra película!

Difusión y distribución

Bueno, ¿ahora qué? Tenemos la película. Nos toca diseñar la estrategia para su difusión, la cual puede incorporar su distribución en salas de exhibición cinematográfica, su explotación en las diferentes pantallas existentes o un paseo por festivales. Con esta fase consideraremos cerrado el ciclo de la película y…, casi con seguridad, diremos y prometeremos a nuestras familias que nunca más! Que esta…, es y será la última película que hacemos. Pero…, al poco tiempo, ¡empezaremos a soñar con una nueva película!

De la idea al guion técnico

Una sinopsis o el guion literario es sólo un punto de inicio que tiene muchísimo potencial. Sólo es una receta con magia, pero no es el plato cocinado. En el largo proceso hasta la consecución de la película podremos errar en muchas ocasiones y echar a perder todo ese potencial o romper la magia. Así, los guiones literarios se tienen que adaptar para que los equipos técnicos y artísticos sepan que se espera y que se tiene que hacer en cada momento. Además, el director de producción con su equipo y el ayudante de dirección, lo utilizarán para organizar los tiempos y la participación de todos los medios que se movilizarán en el proyecto.

La creación del guion técnico es tarea del director. Para hacerlo, necesitará tener un conocimiento del medio y de toda su complejidad, además de conocer el lenguaje y la narrativa audiovisual y sus reglas expresivas. El guion técnico incorporará diálogos, información de las localizaciones, identificación de las escenas, descripción de los planos, efectos, anotaciones de iluminación, atrezzo, decorado, vestuario y maquillaje.

```
1    INT. PISO DANI, HABITACIÓN - DÍA                    1

     La paz de las primeras horas de la mañana. Una persiana
     filtra los rayos del sol que iluminan de forma ténue un
     cuarto de niño. Hay pósters del futbolista Juan Penalva.

     Sentado a los pies de la cama, ANTONIO (40) observa con
     pena a DANI (10), que duerme plácidamente.

     La puerta del cuarto se abre y entra LUCÍA (38) con una
     caja envuelta en papel de regalo. Se acerca a Antonio. Se
     miran. Fingen una sonrisa y simulan estar felices.

     Antonio sube la persiana; dejando entrar la luz del
     exterior y Dani despierta.
                            LUCÍA
                    ¡Feliz cumpleaños!
                            ANTONIO
                    ¡Felicidades!
     Antonio empieza a hacer estirones de oreja a Dani.
                            DANI
                    Ah, papá. Tiras muy fuerte.
                            ANTONIO
                    ...Siete, ocho, nueve y... ¡Diez!
     Lucía le da la caja a Dani, que abre el regalo con
     ilusión: Es una cámara de vídeo.
                            DANI
                    ¡Buaaaaaa! ¡Qué chula!

2    INT. PISO DANI, SALA DE ESTAR - DÍA                 2

     P.O.V. CÁMARA DE VÍDEO.

     Lucía, de espaldas a cámara, se da la vuelta y finge
     asustarse. Pero se echa a reír.
                            LUCÍA
                    Perdón... Otra.

                                            CORTE A:

     P.O.V. CÁMARA DE VÍDEO.

     Lucía se gira y se ríe al instante.
                            DANI (O.S.)
                    ¡Mamá, va!
```

*Página del guion de *Feliz cumpleaños* de Toni Sánchez (2016)

Captura guion

El *storyboard*

Un *storyboard* consiste en la planificación plano a plano, con los movimientos de cámara, de las acciones descritas en el guion técnico. Tiene una forma parecida a la de las tiras de los cómics. Esta concreción visual de la acción, como mínimo, será útil para el director, dirección de producción, dirección de fotografía, dirección de arte y efectos especiales... El *storyboard* siempre nos mostrará la visión del director.

Chico y Rita

Captura *storyboard*

3

PREPRODUCCIÓN

Como hemos explicado, esta fase empieza cuando ya has decidido poner en marcha la producción de la película. Ahora toca diseñar el plan de trabajo, cerrar las contrataciones y prever todas las necesidades. Esta es la fase más larga.

Desglose de las necesidades del guion

Por desglose de las necesidades del guion entendemos la detección de todas necesidades que existen para hacer la película. Este desglose se realiza en una reunión presencial. Todos los convocados a la reunión habrán recibido con anterioridad su copia del guion técnico, y antes de encontrarse habrán realizado un trabajo muy importante. Todos habrán leído el guion y habrán anotado las necesidades que son de su competencia, también han detectado las otras tareas (que sin ser suyas) su trabajo dependerá de la finalización de éstas y que seguramente tienen que hacer otros departamentos, y además..., llevarán el listado de cualquier duda, sobre cualquier tema, que les haya inspirado el guion.

Pero... ¿A quién convocamos a esta reunión? Acostumbran a estar convocados el director y todos los jefes de equipo. Esta reunión no sólo es muy importante, es casi mágica, porque en ella veremos crecer la película delante nuestro.

La reunión se inicia con la lectura de cada línea de diálogo del guion técnico, esta lectura la acostumbra a hacer directamente el director. No es una lectura de un tirón. De hecho, se puede decir que se realiza una interrupción para hablar de cada detalle, en todas y cada una de las escenas y planos. Todos los presentes se dan por enterados y confirman las diferentes necesidades que van saliendo a la luz, en voz alta. Es muy importante que todos los detalles que tienen que estar en escena, pero no están descritos en el guion, se comenten en esta reunión. Por ejemplo, dirección de arte comentará elementos que existan en escena, pero que en el guion técnico no se ven detallados. Esta es siempre una reunión muy participativa, donde todos aportan datos y se confirma todo lo planteado por el director o se presentan las propuestas para conseguir lo más aproximado a la visión mostrada por el director.

Luego os presentaremos los diferentes cargos que serán convocados... Pero, se sobreentiende que ya han sido contratados y se han comprometido para las fechas del rodaje. La reunión de desglose la convocará el director de producción, que dispondrá de los medios para llevarla a cabo (una sala con una gran mesa de reuniones, bebidas, catering, etc.). Nosotros intentamos, si el tiempo lo permite, que estas reuniones se realicen en un ambiente tranquilo y al aire libre.

Presupuesto realista, partidas y capítulos

Una vez ya se han resuelto todas las dudas, cada responsable de departamento se reunirá con el director de producción por separado, el objetivo es ajustar su presupuesto y determinar el fondo de funcionamiento necesario, las compras y las contrataciones de todos los recursos (incluidos los de personal). Tienes que pensar que se tienen que considerar todos los gastos en la fase de producción: personal, compras, alquileres, fungibles, mantenimientos, seguros, gastos financieros, alojamientos, dietas, promoción durante el rodaje, comunicaciones, etc, etc.

Ordenador de producción

Cualquier gasto que se desvíe, será un lastre para la correcta gestión económica de la película. Ahora bien, si no se han computado por despiste, el drama es todavía mayor. Así, un presupuesto realista es aquel en el cual se han contabilizado todos los gastos y se ha añadido un 15% de margen para imprevistos.

Para organizar los gastos e inversiones, se pueden agrupar por conceptos o capítulos.

▶ **Capítulo 1:** personal

▶ **Capítulo 2:** fungibles, alquileres, mantenimiento, alojamientos, dietas, seguros, etc.

▶ **Capítulo 3:** gastos financieros

▶ **Capítulo 4:** becarios, ayudas institucionales, premios, cesiones, etc.

▶ **Capítulo 5:** ingresos

▶ **Capítulo 6:** material compras inventariables

▶ **Capítulo 7:** promoción, publicidad...

Financiación y proyectos *low cost*

Si lo tienes que pagar todo y lo quieres hacer con medios, hacer cine es caro. Y si quieres competir tendrás que conseguir esos medios, porque cualquier cosa que falte significará asumir más riesgos o partir con una clara desventaja. No se trata de desanimaros, pero tampoco se trata de mentir o hacer un discurso temerariamente *happy*. Entendemos que si estás leyendo este libro quieres hacer cine y quieres que ese cine triunfe. Hay opciones, posibilidades y cosas que se pueden hacer y cosas que puedes inventarte. Vamos a explicarte cómo...

Para hacer cine, se necesita dinero y equipos tangibles. O los tienes, te los dejan o los pagas. Así, todo lo que puedas conseguir gratis, significa dinero que se podrá dedicar a otras cosas. Primero reduce los gastos que puedas, eso sí, siempre sin sacrificar calidad. Por ejemplo, puedes usar localizaciones que estén cerca de la residencia del equipo. Tendrás un importante ahorro en transportes y dietas. Pero, muy importante, asegúrate que siguen siendo las localizaciones perfectas. Si no te convencen, no cambies. No rompas el sueño (y la película) por no ser exigente con la calidad. Una localización no creíble, por ejemplo, hará que la película tampoco lo sea y todo se vendrá abajo. A lo largo de este libro explicaremos opciones de ahorro que no mermen la calidad. Hablemos del dinero, ¿cómo se consigue el dinero?

Fuentes de financiación públicas y privadas

Evidentemente, como productor primero están las aportaciones propias que uno mismo puede conseguir y comprometer. Además, su trabajo como productor será tramitar todas las solicitudes a ayudas oficiales a la producción cinematográfica que consideres con posibilidades de conseguir. Cuidado, si lo ves imposible, porque no se cumple una de las condiciones básicas, no dediques esfuerzos a ello. Así, las fuentes de financiación serán todas las que no podemos considerar aportación directa de un socio. Tienes que tener claro que un gran socio capitalista es otro productor y por esa razón está implicado en la película y comparte la visión pactada, de hecho tiene que formar parte de ese pacto de la visión a realizar.

El siguiente recurso, antes de buscar socios, es recurrir a los FFF en alusión a los *Friend, Family and Fools*. Ellos son los primeros que confían en ti y en tu proyecto. Con pequeñas aportaciones se conseguirá una cantidad interesante y quizás cubren un aspecto esencial o un capítulo de gastos de la producción. También podemos probar con una campaña de *crowdfunding*, pero atención, no pongas el dinero que ya te ha dado tu familia y amigos, porque de las aportaciones recaudadas las plataformas de *crowdfunding* se quedan un margen.

Otra opción, es acudir a una entidad bancaria o prestamista, la cual ni se asocia ni asumirá ningún riesgo porque nos pedirá garantías, y sólo cuando las tenga nos posibilitará disponer del capital para afrontar el proyecto a cambio de una contraprestación en forma de intereses. El prestamista nunca decidirá sobre el contenido ni la forma.

Evidentemente las fuentes más ventajosas de financiación de préstamos siempre son los préstamos para emprendeduría, los cuales acostumbran a disponer de un interés bastante bajo. Además, buscaremos los préstamos y ayudas oficiales que están diseñados para las industrias culturales. Evidentemente, nos interesa un interés fijo (constante) para no tener sorpresas y conocer los pagos y plazos exactos a realizar. Otra posibilidad es una línea de crédito, la cual nos permite sólo pagar intereses por la cantidad utilizada, el resto del dinero que no utilicemos no nos «penalizará».

Hay otras opciones de financiación a estudiar, son los «Business Angels» y las sociedades de capital riesgo. Lo más interesante, en cualquier caso, será tener siempre socios que nos aporten dinero o material en especies que nos ahorre las compras o los alquileres. Eso reducirá la cuenta de gastos que pueda depender de créditos y préstamos.

El mecenazgo

El mecenazgo es un tipo de patrocinio que nos facilita, como autores, un dinero para desarrollar la obra. Este apoyo, aunque en cierta manera se considera desinteresado, puesto que no exige ningún tipo de devolución económica, sí que acostumbra a tener una contraprestación de RRPP y sobre todo de imagen para el mecenas. Además, es muy común que la aportación económica de mecenazgo sea fiscalmente beneficiosa. En este punto, tenéis que saber que es una de las maneras de conseguir dinero más exitosas. Además, a los mecenas se les puede identificar en el apartado de los créditos como «productores asociados» y si nuestra película asiste a festivales, se les puede garantizar en el contrato de «mecenazgo» su presencia en las alfombras rojas.

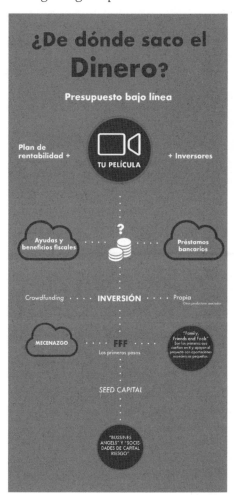

Como veis, hay opciones de conseguir dinero, pero tienes que convencer a los demás del proyecto tanto como tú mismo estás convencido de él. Pero, también, en diferentes apartados os daremos pistas de cómo ahorrar o reducir gastos.

El *timing* del proyecto

Una vez tenemos todas las necesidades detectadas y desglosadas se realizará una previsión realista del tiempo necesario para desarrollar el proyecto. Se tendrán en cuenta los trabajos a finalizar antes de empezar a rodar y que ningún trabajo o retraso nos rompa lo planificado. Así, antes de empezar a rodar, ningún trabajo crítico tendría que estar no finalizado. Se tiene que pensar que habrá alquileres y contratos con fecha de inicio y de finalización comprometidas, y una demora se traducirá en pérdida de dinero. El *timing* completo tiene que tener en cuenta el tiempo de preproducción, el inicio de la producción (rodaje), el tiempo de postproducción y la estimación de la promoción...

Los roles de producción y de dirección

Un problema presente en muchas producciones *low cost* es la implicación a nivel de captación de recursos por parte del director y la interferencia de producción en las decisiones de dirección. De verdad, todo funciona mejor si cada uno asume su rol y se ayudan mutuamente cuando se requiere. ¿Quiere esto decir que el director no puede colaborar en una acción de captación de recursos y producción no debe opinar de cosas de dirección? ¡Pues no! No queremos decir eso. El director puede y debe colaborar, si se le pide, en una acción de captación de financiación, pero no debe ocuparse de esa gestión y menos aún, debe estar en sus preocupaciones. El director se tiene que concentrar en la dirección, todo lo que le desvíe de esta tarea le restará capacidades. Producción, por su parte, debe dar su opinión en cuestiones de dirección y negociar cuestiones, pero desde el respeto a la dirección y asumiendo su rol de producción. Estas interferencias son un clásico, evitarlas. Muchos tenemos un director dentro, y en una producción pequeña nos permitimos interferir más de lo que es prudente en el director. La función de producción, en este aspecto, es blindar al director de esa presión ambiental, sobre todo si el director es novel.

La norma es, colaboración máxima entre producción y dirección, pero cada uno en su puesto. El proyecto a realizar es el pactado entre ambas partes, la complicidad tiene que ser alta, pero la producción la asume uno y la dirección la asume otra parte.

Diseño y creación del equipo embrionario

El director de producción diseñará y propondrá la estructura de equipo humano que deberá realizar la película. Cada proyecto es diferente, así como sus necesidades, por lo que el diseño de la estructura también lo será. Es verdad, hay áreas que siempre existen como dirección o el equipo de cámara, pero la dependencia y organización de otros trabajos a realizar variarán. Además, en la creación de la estructura, la dimensión del equipo humano es determinante. Se tiene que crear un árbol organizativo donde se mostrarán los trabajos, quién los realiza y qué jefe de equipo se responsabilizará de su gestión.

Esquema equipo embrionario

El equipo artístico

Los actores y actrices no se incorporan a la producción normalmente el día de rodaje, en los papeles principales se tienen programados con anterioridad ensayos, pruebas de vestuario, maquillaje, etc. Así, su incorporación tiene en cuenta estos factores. La remuneración acostumbra a ser por días de pruebas y los ensayos se incluyen como una mensualidad.

El equipo técnico

Los técnicos/as se incorporan de manera detallada. El departamento de arte será de los primeros en incorporarse, porque tienen que crear o ambientar los sets de rodaje. También finalizará de los últimos si se les encarga su desmontaje. Por ejemplo, si se tiene que ambientar un piso se incorporarán con tiempo suficiente para hacerlo y se les desconvocará cuando hayan restablecido el estado inicial de todas las localizaciones.

El equipo de cámara, excepto el director de fotografía, se incorporará unos días antes del inicio de rodaje. Lo harán para hacer la recepción de todo el material técnico de cámara, su revisión, ajustes y puesta a punto; además realizarán pruebas de cámara y se pondrá en común todo lo que el director de fotografía pretende hacer y obtener. Así como trabajar la revisión (y entreno) de las escenas y localizaciones conflictivas.

Timing de incorporación

Evidentemente, cuando hemos convocado la reunión de desglose de necesidades ya hemos creado el equipo embrionario. La idea es que la incorporación de los diferentes miembros del equipo se realiza conforme se va necesitando su trabajo en la producción. Esto es así por una cuestión básica de optimización económica. Lo ideal es que su incorporación se produzca justo cuando se necesita. Para determinar el momento idóneo se tiene que tener en cuenta el tiempo necesario para que entiendan los detalles del proyecto y el tiempo físico de su incorporación (traslado y acomodación incluidos), así como la antelación con la que necesitamos su trabajo. Cada jefe de equipo propondrá y justificará al director de producción la incorporación de los diferentes equipos y las diferentes contrataciones.

| | | ABRIL | | | | | | | | | | | | | | | | | | | MAYO | | | | | | | | | | |
|---|---|10|11|12|13|14|15|16|17|18|19|20|21|22|23|24|25|26|27|28|29|30|1|2|3|4|5|6|7|8|9|10|11|

P1
Director — Bojan
Ayudante de dirección — Nuri
Script — Cristina

P2
Jefe de producción — Bojan
1er Ayudante de producción — Antonio
2o Ayudante de producción

P3
Directora de fotografía — Mercedes
Foquista — Manuel
1er Ayudante

P4
Directora de arte — Amanda
Responsable Maquillaje — Belén
Responsable Peluquería — Alberto

Captura *timing* incorporación

Tareas a realizar en preproducción

▶ **Detección de necesidades y soluciones artísticas y tecnológicas.** Tener calculado y controlado que todo lo necesario se podrá asumir y obtener cuando sea necesario.

▶ **Casting**, no podemos iniciar el rodaje si no tenemos claro y atada la participación de los actores principales, actores de reparto y conseguida la figuración especial.

▶ **Los ensayos**, se tienen que haber programado y atada la participación de los actores de reparto. Se tienen que haber realizado los ensayos necesarios antes del rodaje, no es buena estrategia simultanear rodaje y ensayos porque no se controla el resultado de este trabajo y los tiempos necesarios para conseguirlo.

▶ **Localizaciones**, no es una cuestión menor. Es un elemento con suficiente entidad como para dejarlo al azar. Las localizaciones son un elemento que vestirá la historia y afectará a su credibilidad. Además, las visitas se tienen que realizar con el director, el director de fotografía, arte, el responsable de sonido en directo y el director de producción. Todos tienen que dar su visto bueno o determinar necesidades para su adecuación. Por ejemplo, si en una localización es imposible la toma de sonido directo y precisamente es eso lo que queremos, esa no será la localización para nuestro rodaje... Se realizará una reunión posterior con los datos de cada localización visitada para comentarlas todas y decidir las definitivas.

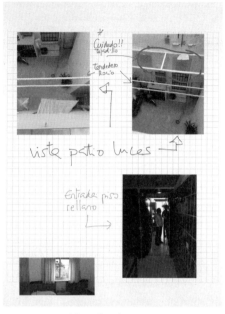

Notas localización

▷ **Permisos**, siempre es una tarea de producción. Se tiene que garantizar, por escrito cuando sea posible, los permisos y las autorizaciones para realizar el rodaje en los días previstos e incluso tener alguna salvaguarda por si hay que hacer alguna repetición o ajuste en las fechas de rodaje. No disponer de alguno es un *warning* de primer nivel. Junto con la autorización, cuando sea en un espacio privado, pediremos con una cláusula -incluida en el mismo documento- la cesión del permiso de uso para la película de las imágenes rodadas en el lugar.

▷ **Contrataciones**. La clave vuelve a ser tenerlo todo atado. Se tienen que tener antes del rodaje, y con antelación suficiente, todos los contratos firmados por todas las partes necesarios para iniciar el rodaje de las localizaciones, del material y de los recursos humanos que intervendrán. Tenemos que tener en cuenta que todas estas cuestiones son costes de gestión.

▶ **El plan de marketing de la producción.** Aprovechar el rodaje para crear expectación sobre la película que estamos rodando es muy importante. Afecta a su explotación comercial. Hay dos estrategias básicas a seguir. Una la de proximidad y otra en la creación de comunidad en las redes sociales. Los rodajes, principalmente en las localizaciones, nos proporcionarán seguidores entusiastas que se interesaran por haber «vivido el rodaje» de cerca. Cuando se proyecte la película, los vecinos querrán ver ese escenario que tan bien conocen y a sus allegados haciendo de extras... El rodaje es una de las partes más vistosas y nos permitirá tomar material gráfico para las redes sociales. Sobre todo, si la película tiene la temática atractiva o unos actores conocidos y con admiradores, será fácil la creación de la comunidad de seguidores.

▶ **El *crowdfunding*.** Lo más importante para nosotros en una campaña de *crowdfunding*, igual que ocurre con las redes sociales, es la creación de una comunidad que esté implicada por la temática de la película. Te ofrecerá además de dinero, soluciones a las necesidades de rodaje. Sobre todo, tenemos que pensar que promocionarán y compartirán de manera entusiasta la creación y difusión de la obra. Para ser exitosos entre el gran volumen de *crowdfundings* existentes, el receptor tiene que percibir que además de las satisfacciones físicas que ofrezcas, también ofreces un valor añadido a la sociedad. Así, si tu proyecto ofrece un beneficio como hablar de un valor o de una reivindicación, este proyecto tendrá más posibilidades de éxito. Esta comunidad que se creará en el entorno, tendrá fácilmente un beneficio inesperado, algunos de los fans cruzaran la línea y se harán verdaderos amigos.

▶ **Pruebas y preparación de rodaje.** Un rodaje no puede ser fruto de la improvisación. Sobre todo si está al servicio de una historia y no en el ámbito de la experimentación. Así, cualquier elemento narrativo con intervención técnica o de efectos especiales se probará antes del rodaje para poder afrontar esa jornada con éxito. Aquí se incluyen las pruebas de cámara, efectos especiales, ensayos de especialistas, etc, etc.

Pruebas de cámara en *The Line*

▶ **Empresas y equipos asociados.** Cuando se plantea un rodaje no se acostumbra a comprar el material. Así, los diferentes jefes de equipo han detallado sus necesidades y tú como director de producción propones las soluciones a adoptar. Por ejemplo, si hay una toma aérea, no se alquila un dron para todo el rodaje, ni tienes un técnico de drones en plantilla durante todo el rodaje. En un caso así, se contrata para esas jornadas a una empresa externa, la cual gestionará los permisos y proveerá todo lo necesario.

La cámara con sus ópticas, accesorios y los equipos de iluminación también se alquilan. Se realiza un listado detallado de todo el material y se contrata su alquiler para todo el rodaje, pero si hay una óptica especial para una escena, esta sólo se alquilará o conseguirá para esos días.

▶ **El plan de rodaje es el *timing*** donde de manera realista se programa la realización de todas las escenas y de cada plano que se prevé. Así, una vez cumplido el plan de rodaje, sabemos que se ha grabado como mínimo todo lo previsto para hacer la película. El plan de rodaje tiene que tener márgenes de seguridad para poder asumir los imprevistos que seguro sucederán: inclemencias del tiempo, enfermedades en actores, averías, etc. Cuando en el plan de rodaje se tiene prevista una escena de exteriores, es muy interesante siempre que se pueda, tener prevista la posibilidad de hacer una escena de interior por si llueve... así, se cambia la escena prevista y no perdemos el día de rodaje.

4

LA FASE DE PRODUCCIÓN

¡El momento de la verdad! Hasta ahora hemos visto crecer ante nosotros la película en las reuniones de desglose de las necesidades de guion. Ahora, llega el turno de empezar a construir la visión del director. ¿Por qué decimos construir en plural? Porqué hacer cine es sobre todo un trabajo de creación colectiva. Un gran número de profesionales (es la fase con más gente implicada), persiguiendo un mismo objetivo, que no es otro que conseguir realizar la visión que traslada el director. Tod@s ell@s aportaran su granito de arena para conseguir que sea una realidad la mega construcción que resulta ser el proceso de hacer una película.

¿Cuándo empezar la fase de producción? La empezaremos cuando tengamos todos los trabajos previos finalizados o bajo control sus fechas de realización. El nombre de «fase de producción», a la gente ajena al mundo del cine le puede llevar a equívocos, así para entendernos, se podríamos renombrar como «fase de rodaje o grabación».

Productor, productor ejecutivo, director de producción y jefe de producción

Es importante conocer las diferencias entre todos estos roles. Curiosamente, incluso entre profesionales que trabajan habitualmente en el cine, hay poco conocimiento de las diferencias entre ellos. A veces, sólo se sabe que mandan mucho sin llegar a conocer las diferencias entre los cargos. La distinción que nosotros utilizamos y recomendamos es la que define la APPA (Asociación de Profesionales de la Producción Audiovisual). Al productor ya os lo hemos presentado, veamos al resto...

Productor ejecutivo

Cuando un productor realiza la dirección de producción, se le llama productor ejecutivo. Eso no quiere decir que entonces no exista un director de producción. Si existe en el organigrama un director de producción, entre ellos se repartirán las funciones y gestiones. Evidentemente mandará más el productor ejecutivo que un director de producción, por ser este primero un inversor.

Sus responsabilidades son:

▶ Diseña y desarrolla el proyecto. Se responsabiliza de los gastos incurridos en este período.

▶ Establece y mantiene la relación con el director.

▶ Interviene en la elección del reparto protagonista y gestiona su contratación.

▶ Aprueba el plan de trabajo y el presupuesto, incluidas posteriores modificaciones.

▶ Adecua el calendario de ingresos al calendario de pagos.

▶ Interviene en la decisión de los elementos que componen la banda sonora y gestiona su contratación.

▶ Controla y hace el seguimiento del proceso de producción y postproducción hasta la entrega de la copia estándar, fundamentalmente en todo lo que concierne al resultado final de la película.

* En EE.UU., Executive producer es el director/a de producción. Esto puede dar a equívocos con el productor ejecutivo de aquí.

Director de producción

Sus responsabilidades son:

▶ Elabora y gestiona el plan de trabajo y el presupuesto.

▶ Es el jefe de todos los equipos y representa ante ellos a los productores.

▶ Confecciona el calendario de pagos.

▶ Si es requerido, gestiona la contratación del reparto protagonista.

▶ Contrata y gestiona los recursos humanos (artísticos y técnicos), materiales y logísticos, de acuerdo al plan de trabajo y presupuesto aprobados.

▶ Gestiona y supervisa el proceso de producción, incluyendo la orden de trabajo y toda la documentación generada durante el proceso.

▶ Si es requerido, gestiona y supervisa el proceso de postproducción.

▶ Supervisa el cumplimiento del plan de prevención de riesgos laborales de la empresa.

▶ Controla y hace el seguimiento del presupuesto durante todo el proceso y hasta la finalización de su compromiso contractual, teniendo como resultado la entrega de un balance de situación.

▶ Convoca y organiza las reuniones generales de equipo como el desglose de las necesidades de guion.

Sus herramientas son el portátil, la agenda y el teléfono.

Jefe de producción

Sus responsabilidades son:

▶ Representa al director de producción en el rodaje si este no está presente y coordina el departamento de producción de rodaje.

- Coordina y contrata la logística de localización y de rodaje y, en caso de ser requerido, también gestiona y contrata recursos humanos, materiales y logísticos.

- Elabora la orden de trabajo diaria junto con el ayudante de dirección.

- Ejecuta y hace cumplir el plan de prevención de riesgos laborales.

- Cumple y hace cumplir las normas de contratación, conservación y civismo de los lugares de trabajo.

Sus herramientas son el portátil, la agenda y el teléfono.

* http://www.asociacionappa.es/definicion-de-categorias-de-appa-3248/#

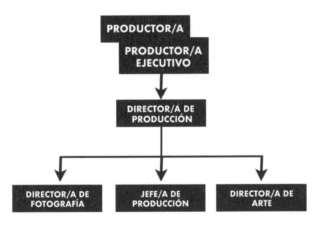

Organigrama jerárquico de productores

El director y su equipo

Desde fuera de los rodajes, muchas veces, se concibe al director como una figura solitaria en su labor (es recurrente la imagen de la silla del director con su nombre impreso en ella, o la imagen más moderna mirando detrás de un monitor y con los auriculares puestos). La realidad no es así.

El equipo de dirección lo compone el director, el/la primer ayudante de dirección, segundos ayudantes, auxiliares y script. E incluso, muchas veces, al guionista también lo identificamos dentro de este equipo, aunque haya trabajado de manera totalmente independiente. Y luego, en función de la película, se incorporaran otras figuras como el director de actores, *coaches*, etc.

¿Cuáles son las funciones del equipo de dirección? Para empezar, organizan el rodaje y se encargaran que la planificación se cumpla en tiempo y forma. La composición del equipo de dirección será diseñado o, como mínimo pactado, con el director de producción.

Así, cada puesto dependerá de cómo haya sido diseñada la forma de trabajar del equipo. Normalmente en el diseño de los equipos se tiene en cuenta las necesidades del proyecto y por supuesto el presupuesto disponible. Como norma general, podemos distinguir los siguientes puestos y atribuciones: Director, ayudante de dirección, ayudante 2º, auxiliares y script.

Director, es la persona que dirige la filmación de la película, da instrucciones a los actores, decide dónde se coloca la cámara, decide sobre el decorado, el vestuario y todas las demás decisiones necesarias de cómo llevar el rodaje.

Ahora bien, su trabajo principal y el que define su labor y valor es tener la visión de cómo aprovechar y sacar al máximo el potencial narrativo del guion. Hacer brillar esa magia que encontró e imaginó al leer la historia. No sólo tiene que expresar cosas, sentimientos, ideas o sensaciones, también se espera que traspase lo material y ahonde en lo artístico.

Ayudante de dirección, o primer ayudante de dirección es la mano derecha del director. En la preproducción es el encargado de preparar el plan de rodaje teniendo en cuenta las necesidades de todos los departamentos, buscando el equilibrio entre la vertiente artística, la funcional y la económica. El director y el director de producción validarán la planificación propuesta por él. En los sets de rodaje le encontraremos casi siempre cerca del director.

Siempre estará convocado en las reuniones de desglose de necesidades de guion y se encargará de anotar en cada secuencia los requerimientos de todos los departamentos (utilizando un tipo de programa informático que comentaremos más tarde), y siempre teniendo en cuenta las condiciones económicas que se planteen desde producción.

Para ello, trabajará con el director y con los/las jefes departamento sobre la realización técnica de las secuencias.

Una vez empieza a grabarse la película, el primer ayudante de dirección en el set es quien organiza el «plano a plano», lo que implica pensar en los tiempos y procesos de preparación de cada persona y equipo que intervenga. Se le reconoce, porque habitualmente es quien grita las órdenes y dependiendo del director da la orden de «acción» y «corte».

Ayudante de dirección en el set

2º Ayudantes de dirección, su trabajo consiste en organizar el trabajo «de oficina» y comunicación entre los diversos equipos técnicos y artísticos. Cualquier cambio en el guion o en realización debe ser comunicado, analizado y confirmado por todos los profesionales involucrados. Es un trabajo ingente de convocatorias, manejo de calendarios, necesidades de los actores. Trabaja con un puzzle en el que todo el mundo debe estar enterado de cuando está convocado, cómo llegará y cuando se le espera.

En el set de rodaje el 2º ayudante organiza que los actores estén en maquillaje y vestuario preparados para cuando sean requeridos en el set. También organizan a los figurantes en el set de rodaje.

Auxiliares de dirección, se encargan del *backstage*. Suelen encargarse del traslado de los actores hasta el set de rodaje y su retorno al *backstage*, así como dan apoyo a tareas de oficina. Por *backstage* entendemos a vestuario, maquillaje, peluquería, etc.

Script, su responsabilidad es supervisar la continuidad de todos los aspectos visuales y argumentales que narra la historia para que no haya ningún tipo de salto a ojos del espectador *(raccord)*. Hay que tener en cuenta que muchísimas veces las secuencias y los planos se graban o ruedan en orden distinto al de la narración. El motivo es por cuestiones organizativas, económicas o de disponibilidad de actores y actrices.

Imagen script en el set

Los principales aspectos que controla son:

- Coherencia emocional de los personajes según avanza la trama, relación anímica entre ellos y progresión argumental. Es básico que los personajes mantengan la coherencia dependiendo del tramo argumental en el cual se encuentren. Los ejes de mirada de los actores, intentando evitar el temido salto de eje. La acción y el movimiento de actores.

- *Raccord* y coherencia de vestuario, atrezzo, maquillaje, peluquería y decorados.

- Además, se encargará de revisar la equivalencia en los encuadres realizados con los indicados en el guion técnico, controlará el «minutaje» y el control de las tomas que el director indicará como buenas, para reportarlas en el parte para postproducción.

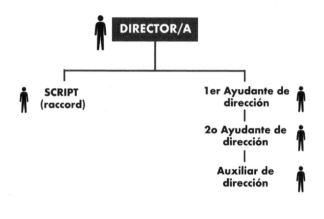

ORGANIGRAMA EQUIPO DE DIRECCIÓN

El jefe de producción y su equipo

El equipo de producción en un rodaje lo forma el jefe de producción, sus ayudantes y auxiliares. Aunque su nombre «equipo de producción» puede dar a entender que es el equipo del director de producción, esto no es así. Todos los equipos, son equipos de la dirección de producción. Este es un equipo importante, pero es otro equipo como puede ser el de arte, fotografía o dirección.

Jefe de producción, es el responsable de solucionar y gestionar todos los problemas que se produzcan en el set o en las localizaciones. Es el responsable de mantener los plazos y el dinero asignado al rodaje. Contrata al equipo de ayudantes, asistentes y auxiliares (excepto al ayudante de dirección). En el rodaje una de sus funciones principales es la supervisión del trabajo de todos. Tiene la capacidad de despedir a los que considere que no trabajan bien, excepto a los jefes de equipo (que tratan directamente con el director de producción). Muchas veces se le define como: «parece que no trabaja pero lo controla todo».

Primer ayudante de producción, se encarga de supervisar cómo y dónde se colocan los camiones del set, la llegada de los actores y de todos los miembros del equipo. Es el responsable de que haya comida, cuando sea el momento. Tiene coche de producción propio. Es el primero en llegar a las localizaciones y el último en abandonarlas. Es también el encargado de organizar los desplazamientos del equipo y material. Recoge y controla todos los partes de producción: citaciones del equipo, órdenes de trabajo y se los presenta al jefe de producción para que los firme. También sabe dónde están todos los hospitales y servicios de urgencia más cercanos por si fuera necesario.

Ayudantes y auxiliares de producción, realizan trabajos de control de accesos y perímetro, conducen en los coches al director, equipo técnico, actores y sobretodo ejecutan las soluciones a los problemas. Custodian los decorados, localizaciones y los aparcamientos mientras se rueda.

Contable. Junto al director de producción es el que más tiempo permanece vinculado a la película. Paga sueldos, impuestos, seguridad social, etc. Recoge y archiva todas las facturas que es necesario tener.

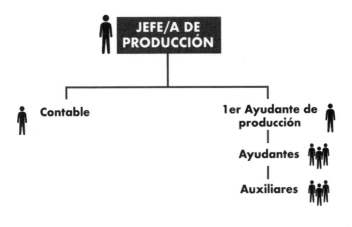

ORGANIGRAMA EQUIPO DE PRODUCCIÓN

El tándem entre los departamentos de dirección y producción

Aunque el equipo de producción y dirección son diferentes, independientes y cada uno tiene sus responsables, muy a menudo, se solapan las funciones o desde fuera puede parecerlo porque... lo que empieza un equipo lo finaliza otro.

En realidad, sus responsables tienen muy claras sus atribuciones, pero la percepción del resto de miembros de otros equipos, muy a menudo, es confusa y preguntan cosas a dirección que dependen de producción y a la inversa.

Así, una manera inteligente de saber qué corresponde a quién (que alguien me explicó en una ocasión), es precisamente por el tipo de preguntas que les puedes hacer a cada uno de ellos:

▸ Si alguien tiene dudas sobre en qué momento tiene que intervenir un actor, su papel, orden de grabación de una secuencia o detalles de guion, o de una actuación o del set de rodaje. La pregunta es para dirección.

▸ Si la pregunta tiene que ver con cualquier tema logístico, como: transporte, comida, ubicación de material y de personal, esa pregunta es para producción.

Ahora bien, independientemente de qué preguntar a cada equipo, estos dos equipos se confunden habitualmente porque están muy coordinados. Por ejemplo, el plan de rodaje lo realiza dirección, pero se contrasta con producción. De hecho, las órdenes de trabajo y convocatorias las firma el ayudante de dirección y el jefe de producción. Eso es así porque lo planificado por dirección tiene que ser ejecutable (conseguir permisos, transporte, movilización de recursos técnicos y humanos, etc.).

Así, dirección se encarga de los procesos y dinamizar el rodaje y producción de logística y coordinación. Para hacer el plan de trabajo, dirección tiene que saber con qué medios se cuenta y con que no se cuenta para hacer la orden de trabajo.

Por ejemplo, las citaciones de trabajo. Hay que saber si se pueden cumplir con los plazos propuestos y si se tiene capacidad de asumir la carga de trabajo. Un ejemplo típico es cuando dirección propone la hora que cada miembro del equipo técnico y artístico tiene que estar en set y la hora a la que tenemos que estar listos para rodar. El jefe de producción coordinará a su equipo para cumplirlo: ellos se encargan de elaborar las rutas de transporte del equipo y su material. Y organizará la recogida de los actores para su entrada en maquillaje, vestuario y peluquería, teniendo en cuenta el tiempo que se necesita en cada uno de ellos.

En el set, los dos equipos sobre todo se coordinan en anticiparse a lo que va a pasar a continuación. El equipo de dirección es el que organiza el set. Pero lo que puede hacer depende de cuánto se lo facilite producción.

Por cierto, el equipo básico del personal de producción son los portátiles, móviles, libretas, mochilas, guiones y... *walkies*.

El director de fotografía y su equipo, lo compone principalmente el equipo de cámara. Los roles básicos que podemos encontrar son: El director de fotografía, ayudante primero, foquista o ayudante segundo, DIT, auxiliares y foto fija.

Director de fotografía

El director de fotografía (DOP), es el jefe del equipo. En las producciones de guerrilla siempre manejará directamente cámara. Es el responsable de crear las imágenes, de conseguir la plástica que desea el director. Normalmente, no sólo ejecuta las directrices del director, sino que desarrolla conjuntamente con el director la ideación de la imagen, estética y el tratamiento. Como director de fotografía tendrá que seleccionar a los miembros de su equipo y trabajará con los equipos de arte, maquillaje y vestuario para conseguir el tratamiento buscado.

Un concepto muy interesante es que la iluminación en cine expresa y crea sentimientos, ideas, emociones, ambientes. El director de fotografía trabajará con la psicología de la percepción visual del espectador. Es todo un mundo creativo a explorar y en permanente experimentación. Para ello, no sólo moverá la cámara, posicionará los focos y medirá la luz. También pedirá el tipo de cámara, las ópticas y en rodaje en exteriores elegirá la hora a trabajar.

Como director de fotografía, tendrá bajo sus órdenes al equipo de eléctricos. Aunque lo trataremos aparte, muchas veces también estará organizativamente integrado en el equipo de fotografía. En postproducción también hablaremos de su papel, pero eso ya es otra historia...

Foquista. En las cámaras con configuración de cine es normal que el foco lo controle otra persona diferente al cámara. El motivo es que una imagen con un poco de desenfoque en la enorme pantalla de un cine es insostenible.

Así, el foquista es el responsable de mantener la cámara enfocada, o mejor expresado, de distribuir la profundidad de campo durante el plano. Para ello medirá la distancia focal para cada posición de cámara respecto a los personajes u objetos a enfocar. Maneja el mando de foco de la cámara. Es todo un arte y oficio en el que se mezcla el conocimiento con la operación «orgánica» del control de foco.

Equipo cámara

También en sus funciones está: organizar, revisar y velar por el buen funcionamiento de los equipos de cámara y registrar el parte diario.

DIT, es el acrónimo de técnico de imagen digital. Hablaremos de su papel en el apartado «El montaje on-set, visionados, copias de seguridad y control de la imagen y sonido», que encontrarás en este mismo capítulo.

Auxiliar de cámara. Está a las órdenes del ayudante de cámara. Es el responsable de la carga de las tarjetas de memoria y su identificación una vez utilizadas. Se encarga de hacerle llegar los archivos de cámara al DIT. Ayuda en el transporte del material de cámara, en su limpieza, orden y en el desplazamiento del material. También muestra a cámara la claqueta, y pone marcas de movimiento para los actores con cinta adhesiva. Otra función puede ser el montaje del combo para el director y la script. **Foto fija.** Es un fotógrafo. Hace fotos de la actividad del rodaje, principalmente en el set, para la promoción y documentación de la película. Está prohibido el uso del flash, tiene que moverse con mucha discreción y normalmente sólo dispara fotos de las escenas durante los ensayos. A veces, también es el encargado de hacer los fotos que saldrán en la película y se rodarán posteriormente.

ORGANIGRAMA EQUIPO DE FOTOGRAFÍA

➤ **NOTA:** En la elección de la cámara y sus accesorios tenemos uno de los conceptos que más variables pueden ser en relación a la cuenta de gastos. Hay opciones de cámara tipo Arri, RedOne, Sony F55, etc., que tienen un precio muy alto de alquiler y todos sus accesorios y ópticas están también en un rango de precio elevado. Hay otras opciones tipo: gama blackmagic o cámaras de foto DSLR Canon, Nikon, panasonic GH5 o la gama Sony A7xx que con el uso de grabadores externos tipo Odissey + o Atomos Flame, dan una calidad de imagen equiparable e impresionante.

El director de arte y su equipo, se encargan de todo lo relacionado con la estética física de la película. Sobre todo en las producciones de guerrilla, todos los departamentos se engloban bajo el paraguas de arte: vestuario, maquillaje, peluquería, atrezzo y decorados.

El/la director de arte se encarga de crear la propuesta estética para conseguir la plástica que quiere obtener el director. También supervisará los trabajos y el acabado. Trabaja codo a codo con el director y el director de fotografía.

Departamentos de decorados, vestuario y maquillaje. Cada uno de estos departamentos tiene a su personal adscrito. Evidentemente alguien especializado en maquillaje, poco tienen que hacer en la carpintería y a la inversa...por eso son autónomos, pero la gracia es que las diferentes piezas trabajadas formaran una unidad estética. La complejidad de este departamento es proporcional a la complejidad de la producción. Algunos de los perfiles que podemos encontrar son: decoradores, constructores, ambientación, atrezzistas, vestuario, sastres, figurinistas, maquillaje, peluquería, etc... Además, cada uno de estos departamentos estará dimensionado al volumen de trabajo, tendrá una jerarquía con su

Imagen escena con figuración

responsable y sus ayudantes. Este factor es muy importante y lo explicaremos con este ejemplo. Si se tienen que mover 1000 figurantes, arte se dimensionará para gestionar, vestir y maquillar ese volumen.

Equipo avanzadilla, es un equipo muy importante, son los que van por delante a lo que se tiene que rodar. Por ejemplo, si mañana se programa rodar en un exterior tipo una cafetería, ellos irán un día antes para acondicionar el espacio acorde a la estética diseñada. Cuando al día siguiente llegue el equipo a rodar, allí estará el equipo de arte, de maquillaje, vestuario, atrezzo, etc. Pero el equipo avanzadilla ya estará en la siguiente localización acondicionando el siguiente set.

ORGANIGRAMA EQUIPO DE ARTE

*En una producción low cost es típico unificar el equipo de maquillaje y peluquería

Departamento de efectos especiales. Cuando una película necesita de ciertos efectos fuera de la ambientación normal, es cuando se crea el equipo de efectos especiales (o se subcontrata incluso si son pocas jornadas). Ellos serán los encargados de crear y controlar por ejemplo: fuego, explosiones, animatrónica, lluvia o maquillajes especiales. El equipo está formado por especialistas, armeros, artificieros, maquilladores, técnicos de FX, etc., y acostumbra a tener un responsable que es el coordinador de FX. La necesidad de contar con ellos en el rodaje será detectada en el desglose de guion y se contactará en preproducción para preparar la escena en la cual se les requiere.

Técnicas y tipos de efectos especiales

Existen muchas técnicas de efectos especiales, que van desde efectos tradicionales presentes en cualquier sala de teatro, pasando por técnicas clásicas de filmación como la animación *stop motion*, maquetas o técnicas avanzadas de efectos digitales.

Los efectos especiales se dividen en varios tipos, una clasificación válida, por facilidad y frecuencia de uso, sería:

▶ Efectos digitales de imagen.

▶ Efectos de sonido.

▶ Maquillaje especial.

▶ Efectos mecánicos y químicos.

▶ Efectos ópticos.

Hay alguna especialidad más, pero el listado no pretende ser exhaustivo. Lo importante, en este libro, es que la creación de estos efectos necesitará la presencia de profesionales en el set y que algunas veces su trabajo continuará en postproducción. En el caso de los efectos especiales no hay generalidades (por eso son especiales) y el análisis de la escena a incorporarlos indicará las dificultades y las soluciones a aplicar.

El coordinador de sonido y su equipo. En un largometraje de ficción que intente tener cierta calidad, el sonido nunca será grabado por un micrófono de cámara. No funciona así. Se necesita hacer una captación del sonido con garantías. No renuncies nunca a un buen sonido, porque no hacerlo sale caro.

El trabajo a realizar por el equipo de sonido estará muy coordinado con el equipo de cámara en la fase de rodaje, incluso acostumbran a usar el mismo camión aunque son dos departamentos independientes. Su nivel de coordinación es muy alto, por ejemplo, el uso de pértiga estará limitado por el tamaño del plano. Los dos equipos se tienen que coreografiar en movimientos para no generar sombras con las pértigas. Además, los cables de sonido no pueden ir paralelos a los de iluminación y los *travelings*, y se pasarán entre ellos información de los equipos de cámara que puedan generar

Equipo de cámara y técnico de sonido

rar ruidos que interfieran en el sonido de una acción o de los diálogos. Por otro lado, se grabarán las claquetas y/o se sincroniza el Timecode para luego juntar en postproducción la imagen y el sonido.

En una película de guerrilla, el sonido lo acostumbra a captar un equipo muy reducido, que está formado normalmente en sólo dos personas: jefe sonido directo y sonidista.

El jefe de sonido directo será el responsable de las tomas del sonido directo. Tiene que conseguir el sonido más limpio posible en el set. Si no hay un sonido limpio, será complicado (y más caro) conseguir su continuidad en el montaje. También se encargará de captar los sonidos ambientes para la postproducción (*wild track*). Muchas veces, los técnicos de sonido son los dueños del equipo y cobran el alquiler de los mismos.

Junto con los archivos de audio, se entregarán los reportes de cada toma para montaje.

Ayudante de sonido, microfonista o pertiguista. Ayuda al técnico de sonido en la preparación del material y acerca y orienta el micrófono cuando se rueda ayudado por una pértiga. Es habitual, contratar por días a más pertiguistas como refuerzo en la captación en secuencias muy complicadas.

Técnico de sonido en rodaje

Tenéis que tener mucho cuidado con el sonido directo, porque acostumbra a ser uno de los principales defectos de las películas de guerrilla. Muchas veces no se presta la suficiente atención. Pero hay una percepción en el público que es real y resulta muy interesante. Si una película se oye mal, el público dirá que «se oye mal». Pero... si se oye bien, dirán que «se ve muy bien...». Invertir en sonido es mejorar la percepción también de la imagen.

¡Cuidado! Un error común, es encargarle a alguien la captación del sonido sin ser esta su especialidad ni que tenga un especial interés en ello. Sencillamente, no lo hará bien y no podrá aportar soluciones en rodaje. Realmente vale la pena contratar a un técnico de sonido. Pensar que un trabajo profesional de sonido empieza en pre-producción, en el desglose de guion y las visitas a las localizaciones. Se planifica la captación de sonido tanto como el de imagen. Se tienen que validar las localizaciones, prever los problemas y aportar las soluciones que producción deberá facilitar.

> **NOTA:** En este punto hay que hacer una breve reflexión. Actualmente hay equipos en el mercado bastante económicos que llegan a niveles de calidad parecidos a material de mayores prestaciones y fama, con lo que el esfuerzo económico en este terreno se ha reducido mucho. Así tenemos equipos de grabación de la casa m-audio como la F8 o la F4. Además, empresas como Sennheiser i Sony están desarrollando equipos de microfonía inalámbricos por wifi bastante bien de precio.

El *gaffer* y el equipo de eléctricos

Antes de entrar en materia, recordar que en algunos diseños de organigrama de equipos, a los eléctricos se les incorpora al equipo del director de fotografía, aunque en este libro hemos preferido explicamos cómo un equipo independiente departamento.

El jefe de eléctrico (el *gaffer*) tendrá comunicación directa con el DOP. En un rodaje grande no tocará los focos y se centrará en dirigir el trabajo de un número importante de eléctricos, en el cine de guerrilla, los medios en iluminación serán menores y el personal para instalarlo también. Así, en un rodaje de guerrilla, el *gaffer* también posiciona focos. *Los eléctricos* acostumbran a ser el equipo que, junto a producción, más horas estará en el set de rodaje.

Los eléctricos son los principales miembros del equipo del *gaffer*. Físicamente montan, colocan los soportes y enchufan los aparatos de iluminación. Si hay generadores, se encargaran de ellos. En el equipo de eléctricos se integrarán los maquinistas que manejan los *travelings*, grúas, *grips y charriots*.

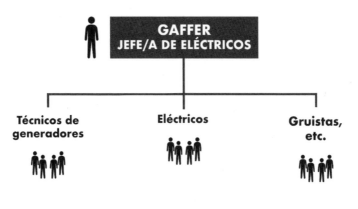

ORGANIGRAMA EQUIPO DE ELÉCTRICOS

Otros equipos que intervienen en la producción. Por último hay una serie de profesionales que por su especialidad son necesarios en un proyecto cinematográfico en concreto, pero no son del mundo del arte y oficios del cine. Por estas características acostumbran a estar bajo las órdenes del director de producción, y no se integran en ningún equipo. Nos referimos a los responsables de animales, adiestradores, *coaches*, profesores, asesores, intermediarios, entrenadores, bomberos, seguridad, etc. Por ejemplo, cuando se trabaja con niños y tienen que dejar de asistir a algunas clases, se les pondrá un profesor de refuerzo.

Localizaciones exteriores, estudios e interiores (localizaciones y sets)

Será una locación, cualquier lugar donde el equipo esté filmando una escena con actores o se rueda un plano. Una misma localización puede tener diferentes sets. Por ejemplo, un piso sería la localización «casa protagonista» y contener 3 sets: el dormitorio, la sala de estar y el baño. Pero, en cambio, la cocina de este personaje está en otra casa. En este caso, la cocina la consideraremos como una nueva localización. El motivo de que se considere una nueva localización reside en que se tienen que realizar desplazamientos, montajes, etc... Este ejemplo nos sirve para que recordemos que el *raccord* peligra. Cuando estamos en uno de los sets y rodemos cómo la protagonista entra en la cocina, en el rodaje en la cocina (en otro día y en otra casa), se tendrá que mantener el *raccord* de maquillaje, peluquería, vestuario... y velocidad de movimiento e interpretación de cámaras y actores...

La decisión de utilizar escenarios reales, tendrá que ser meditada y la tomaremos motivados principalmente por dos razones: Porque nos aporta mayor realismo o porque nos sale más barato y tenemos limitaciones con el presupuesto de la película. Un mito a desmontar es que el rodaje «en una locación» tiene lugar en la ubicación real en el que se establece la historia, realmente no es para nada necesario. Sólo nos tiene que importar una cosa, que la localización sea absolutamente creíble para el desarrollo de la historia. Hacer una casa en un plató, representará la construcción de todos esos sets y escenarios... En una producción de guerrilla difícilmente será opción.

Anotaciones escenario real

¿Qué ventajas tiene trabajar en una localización real con respecto a rodar en un estudio?

▶ Acostumbra a ser más barato.

▶ La capacidad de realismo puede ser más fuerte, sobre todo en los elementos arquitectónicos. Conseguir ese realismo en plató acostumbra a ser muy caro.

¿Cuáles son sus desventajas?

▸ La falta de control sobre el medio ambiente - la iluminación, aviones, tráfico, viandantes, climatología, entorno no controlado y sus imprevistos.

▸ Localización de un lugar que coincida con las exigencias del guion o sea adaptable y dentro de presupuesto.

Otra cuestión importante, aunque muy difícil de cuantificar. El rodaje en exteriores siempre supone tener en cuenta muchos más factores que en un plató (interior) e implica un mayor esfuerzo de coordinación del equipo de producción. Además, siempre que rodamos en exteriores conoceremos la previsión del tiempo y tendremos pensados posibles *cover set*, por si nos cae el diluvio universal. Evidentemente, no hay que improvisar los *cover set*, sino tener previsto el más idóneo... También, por esa misma prudencia, si eres el ayudante de dirección o el jefe de producción, no programes los exteriores al final. Porque, si empeora el tiempo y finalmente tienes que ampliar el rodaje, se dispararán los costes. Y en un rodaje *low cost*, muchas veces eso sencillamente no será posible...

También muy importante el factor luz. En exteriores dependemos de la luz natural, así que todo estará condicionado por ella. Por supuesto esto es válido para exterior un día EXT/DÍA y para un EXT/NOCHE. O se acaba la luz, o hay que montar el set antes de que se haga de noche cerrada para tenerlo todo preparado, porque en el momento que amanezca se acabó... En el ámbito del sonido, el viento y los ruidos serán la máxima fuente de problemas. En preproducción, cuando hemos hecho la localización, ya habremos valorado y comentado todos estos factores.

Además, informaremos al equipo en la orden de trabajo de la ropa y calzado. En general, en un rodaje conviene vestirse con ropa cómoda. Pero, en exteriores se tendrá que tener en cuenta la meteorología: se va a trabajar en la intemperie mucho rato. Seguramente, producción conseguirá mantas, sopitas o bebidas, pero si se avisa de frío y alguien aparece con una camiseta, la pulmonía está asegurada.

Ficha localización

El trabajo con actores

Trabajar con buenos actores es como trabajar directamente con la magia. Puede ser fantástico o terrorífico. En cualquier caso, si realmente se trata de un buen actor o actriz, estarás trabajando con una materia especial, así que nuestro consejo es... disfruta o sufre, pero hazlo con intensidad y voluntad de aprendizaje. Lo primero que tienes que hacer es comprender al actor y su trabajo. Para empezar, el punto de vista es diferente. Al director o al productor lo que le importa es la película, pero para un actor lo importante es el personaje. El trabajo de construcción del personaje pensado por el director, es diferente para el actor. En el actor tiene que ser un trabajo más minucioso, detallista y sobre todo íntimo.

El director y guionista Oliver Stone afirmaba que: «Hay cosas que, simplemente, no puedes escribir, como la manera que tiene un actor de mirar a otro actor. Y esas pequeñas cosas, lo son todo en una película».

Los ensayos, Stanislavski los veía imprescindibles antes del momento de la actuación. Él creía que los intérpretes debían ser creadores y se debía estimular la sensibilidad del personaje recreado. Durante los ensayos es el momento en el cual se empieza a materializar la historia de manera real. Pero hay directores, como David Lynch, que no son partidarios de hacer ensayos previos porqué quizás se perderá la magia que, a veces, surge en el primer encuentro. La decisión de hacer o no los ensayos será del director. Si es que sí, el director de producción programará y pondrá los medios para realizarlos. Esto incluye disponer de una sala diáfana, con sillas, quizás una cámara tipo doméstica con trípode, TV para visionar los ensayos, sillas, un área con mobiliario de oficina para tomar notas, etc. Hay muchas pequeñas salas de teatro, ensayo, etc., que pueden servir para estos fines. Para una producción de guerrilla, cualquier espacio de reunión servirá...

La puesta en escena se produce cuando el personaje interacciona con el set donde se rodará la interpretación con todo el conjunto de equipos como las luces, cámaras, efectos y todos los profesionales que lo acompañan. El director o directora, ayudado por los decorados, vestuario y maquillaje, tendrá que explicar aquello que ha imaginado, y hacer entender al actor cómo se desarrolla la acción y dónde. Lo visual, lo captado por la cámara tomará el protagonismo. Es por ello que el director acostumbra a mirar y escuchar la escena por el monitor de combo y para luego acercarse al actor y corregirlo.

Imagen combo director

Hay muchas maneras de dirigir a un actor, y explicarlas todas sobrepasa las posibilidades de este libro, pero tenéis que entender que forzar la inspiración creará una tensión que quizás nos llevará cada vez más lejos de ese estado, el de inspiración. Para entendernos, es como cuando le dices a alguien gritando... cálmate!! Seguramente, no se calmará. Trabajar con actores profesionales es muy importante, tendrán técnica, y... con ella, consiguen cosas maravillosas y pueden recurrir a algo mientras les surge la inspiración, porque les hace pensar, les permite elegir entre registros y desde ese estado de trabajo surge la magia de una interpretación que es capaz de traspasar la pantalla.

El ambiente más seguro para que un actor o actriz pueda dejarse a sus instintos, se produce cuando se trabaja con naturalidad gracias a la técnica. Es como si se convirtieran en el personaje. No parece que se haya ensayado, parece que hablen con sus palabras, como si todo fuera improvisación. Recuerdo en una de las escenas finales, con mucha intensidad dramática en el largometraje *Techo y Comida*, como Natalia de Molina, nuestra actriz protagonista, necesitaba un tiempo de recuperación antes de poder repetir la escena, y lo necesitaba para recuperar el estado anímico. Los actores en ese estado son vulnerables.

Imagen de dirección actriz en *Techo y Comida*

Las instrucciones en el set de rodaje a un actor tienen que ser claras y breves. En la preparación, el director habrá hablado muchísimo con sus actores, pero en el set necesita hacer otra cosa. El actor/actriz espera la validación o corrección por parte del director. Esa es la tarea del director y nadie tiene que interferir en ella. Cuidado con este aspecto, en un rodaje es una de las grandes diferencias que nos separa de una producción amateur mal entendida.

Nosotros somos de los que creemos que es bueno dar margen y permiso para que en la interpretación, el actor, pueda explorar ideas... y si estas resultan interesantes, dirección pueda apropiarse de ellas. Porque lo que el actor quiere es crecer y aprender. Pero también, muchas veces, es necesaria la dirección de actores orientada al resultado, donde se da forma a la actuación mediante la descripción del resultado que se busca. Es decir, se transmite como es el significado de la línea de diálogo. Así, os recomendamos trabajar mejor con acciones que no con descripciones. En vez de pedirle a un actor que lo haga sexy, es mejor pedirle que ligue. La acción obliga a interactuar, e implicarte con el otro actor.

Imagen dirección interpretación con figuración

Las pautas que os hemos dado son un principio a la experimentación, veréis que casi todo os funcionará y lo que no podréis adaptarlo, cambiarlo o incorporarlo a vuestro bagaje y manera de ser. La dirección de actores es todo un mundo y tiene mucho que ver también con vuestra propia manera de ser.

Procesos de coordinación del equipo de rodaje

Ahora ya sabéis cómo son y quién forma parte de los diferentes equipos típicos en un rodaje. Pero, no lo perdáis de vista, el diseño de cómo distribuir a la gente en equipos la realizáis como directores de producción, teniendo en cuenta el proyecto de película y pensando tener la organización más optimizada.

Para coordinar todos los miembros que participan en un rodaje se necesita, como mínimo, disponer de unos sistemas de comunicación y de organización claros. Lo ideal, realmente, es tenerlo todo unificado en un único sistema. La tendencia es esa, la realidad aún no...

Una reflexión antes de seguir. Creemos que explicar el uso de las fichas en papel, que se utilizaban cuando no había sistemas informatizados, en este momento, es una pérdida de tiempo.

Lo que se utiliza actualmente son programas de gestión de proyectos y excels, muchos y distintos excels y creados internamente en cada equipo. Dirección, por ejemplo, utiliza muy habitualmente un programa de gestión que se llama **Movie Magic Scheduling**. En cuanto a co-municaciones, lo normal son los correos electrónicos, los mensajes a móvil y directamente llamadas de teléfono.

Pero ahora la tendencia ha cambiado. Se busca la integración de los departamentos en un mismo sistema, la diversificación, la automatiza-ción de procesos y comunicaciones. Actualmente, hay bastantes progra-mas que ya nos permiten cierta integración. Ahora bien, de las labores a realizar se deducirán qué funciones nos interesa tener y nos servirán de refuerzo a clarificar los trabajos a realizar. Fijaos, la pregunta es...

¿Qué les tenemos que pedir a estos programas?

▷ Primero facilidad y comodidad de uso. La curva de aprendizaje no debería ser elevada. El **Movie Magic Scheduling**, es uno de los programas estándar en la industria, pero no es especialmen-te amigable.

▷ Acceso desde cualquier parte, con seguridad. El sistema tendría que estar en la nube. La actualización de la información se lle-vará a cabo automáticamente y permite el trabajo colaborativo.

▷ Disponer de las diferentes secciones para cada equipo con for-matos estandarizados y personalizables. Esta característica nos evitará introducir los mismos datos repetidamente en las dife-rentes partes del programa.

▷ Permitir la importación de todos los formatos de guiones técni-cos, y además se realice automáticamente la separación por es-cenas (esto es factible porque en los formatos estándar de guion técnico se marcan los encabezados), luego siempre puedes edi-tar y ajustar errores o retoques.

▷ Poder admitir documentos de Celtx, Final Draft, Word, excel, open office, etc.

▷ Control de usuarios, programación de niveles de acceso a la información y privilegios (jefes de equipo, ayudantes, dirección de producción, etc)

▷ Posibilidad de editar el guion y actualización de los cambios en todos los apartados.

▶ Generación de marcas de agua, distribución de guiones y generación de separatas.

▶ Disponer de un sistema de desglose de necesidades directamente sobre el guion técnico, personalizable en información para cada equipo (incluyendo el uso de los tradicionales marcadores fluorescentes).

▶ Integración de un calendario de planificación.

▶ Disponer de fichas y un apartado de localización con geoposicionamiento.

▶ Interfaz adaptable a móvil y tabletas, con conversión de la información a plantillas imprimibles.

▶ Generación de informes y órdenes personalizables en formato multiplataforma, correo e imprimibles.

▶ Envío de órdenes en formato mensajería de móvil y correo electrónico.

▶ Aplicación multiplataforma tipo app para el equipo pasar horas y notificaciones directamente a contabilidad.

▶ Búsquedas simples y avanzadas.

▶ Creador de planos, *storyboard* y integración con el guion técnico.

Listado de algunos de los programas que podéis encontrar:

▶ Movie Magic Scheduling

▶ Scenios

▶ Lightspeed EPS

▶ TheTakes

▶ Scenechronize

The Takes

Scenechronize

lightSPEED eps
Entertainment Production Software

Scenios   MOVIE SOFT
THE PLACE FOR FILMMAKERS

Ejemplos de programas de producción
audiovisual

Los procesos técnicos del rodaje

Un proceso es una secuencia de pasos ordenada con alguna lógica, donde el objetivo es lograr un resultado específico. Los procesos son mecanismos que se diseñan para mejorar la productividad, establecen un orden y eliminan problemas. Ya os hemos hablado de casi todos los equipos técnicos y humanos que podemos encontrar en un rodaje y su trabajo, como cualquier actividad profesional, se puede organizar en procesos. Hay mucha literatura sobre eso, pero lo que nos interesa aquí es dibujar el proceso típico de una jornada de rodaje. El proceso empieza antes con la organización y la creación del plan de trabajo de la jornada. Lo siguiente es la convocatoria de la gente y la comunicación de la misma.

ESQUEMA DE PROCESO

ORGANIZACIÓN   PLAN DE   CONVOCATORIA   COMUNICACIÓN
   JORNADA   TRABAJO   DE RECURSOS

PROCESO DE JORNADA DE TRABAJO

Primero, el equipo de producción abrirá el set de rodaje. Si es en exteriores, por ejemplo, llegará antes que nadie, comprobará y asegurará la zona de rodaje, despejará las zonas de vehículos, zona de maquillaje, ubicación generadores y activará el catering si es necesario. Los siguientes en llegar son el equipo eléctrico y el departamento de arte. Luego llegará equipo de cámara, dirección y actores. Se inicia el rodaje, con sus pausas. Al finalizar se marcharán, por este orden, actores, arte y dirección. Recoge y marcha el equipo de fotografía, el departamento de arte encargados de decorados, ambientación y por último eléctricos. Finalmente, producción cierra la localización asegurándose que nada queda sin recoger y se deja todo correcto.

Otro capítulo aparte, dentro de la organización de procesos, son las medidas de seguridad a tener en cuenta. El equipo de producción, por ejemplo, como mínimo tiene que conocer los hospitales y centros de atención médicos más accesibles.

Alguno de los típicos casos en los cuales hay que tomar precauciones específicas son:

> **Con uso de vehículos:** El piloto deberá contar con el carnet de conducir del vehículo a usar. Se permitirá al piloto familiarizarse con las coreografías y terreno donde ejecutar la escena. Es obligatorio siempre que se pueda, llevar ropa y equipo de protección debajo del traje. La única excepción es cuando la secuencia requiera lo contrario. Cualquier obstáculo o rampa será revisada, después de cada toma, para determinar si siguen en condiciones de uso.

> **Con humo:** En un interior, se ventilará regularmente. Todo el personal tendrá descanso fuera del set. Se trabajará con el personal mínimo necesario. Se dispondrán de los medios necesarios para ventilar la localización. E importante, se informará a los servicios de emergencia de la zona (con antelación suficiente) del día del rodaje y el mismo día se llamará informando del inicio y del final de la presencia de humo. Así, si reciben llamadas de vecinos sabrán que no es una emergencia real. Además, para evitar en lo posible este pánico, se informará al vecindario de la presencia de humo por el rodaje y que no se trata de fuego.

> **Con armas de fuego reales y simuladas:** Se tratarán siempre como si estuviesen cargadas. Los actores serán formados en su uso. Nadie se pondrá a jugar con las armas. Siempre que sea posible, se utilizarán réplicas. Todas las armas de fuego deben ser custodiadas y almacenadas por un responsable directo con formación. Los expertos en utilería realizarán los protocolos de actuación sin interferencias de ningún departamento. El jefe de utilería debe de ser un profesional cualificado. Cuando cualquier miembro del equipo que esté cerca de un plano a quemarropa, obligatoriamente utilizará un EPI (Equipo de Protección Individual).

▶ **En un rodaje con animales:** Tendrá carácter prioritario la seguridad de las personas. Se trabajará con adiestradores profesionales cualificados y con seguro por actividad. El amaestrador será el encargado de los animales y responsabilizará de tener todas las vacunas/permisos, licencias y informará de las medidas de seguridad oportunas. Se rodará con los accesos del set o las puertas del plató cerradas. Se acondicionará un área para la carga, descarga y descanso de los animales. Producción se asegurará que todos los presentes en el set conozcan las medidas de seguridad mientras los animales están en el set. Se tomarán precauciones especiales en rodajes con especies venenosas, dentro del inventario de material de producción estará el antídoto. Se proporcionará al personal que trabaje junto a animales los equipos de protección necesarios. Un vehículo de producción, con alguien previamente designado como conductor, estará preparado y prevenido para evacuar a un posible accidentado.

▶ **Medidas básicas con agua:** Todo el personal que tenga que trabajar en el agua le será notificado con antelación. Se tendrá en cuenta la temperatura del agua. Cuando se construyan pequeños estanques dentro de un plató, se deberá tener un sistema de drenaje. En pozas y estanques se verificará mediante analítica la ausencia de impurezas y contaminantes. Cuando se planifique rodar en un río, producción obtendrá toda la información necesaria de corrientes, peligros naturales, diques o peligro de torrentes. Si hay «Rápidos», se proveerán los equipos de seguridad necesarios... además de cuerdas, redes y presencia de personal de rescate. Se tomarán las medidas oportunas para mantener cualquier contaminantes del rodaje lejos del agua, incluyendo: baterías, pintura, gasolina, aceites, etc.

Nuevas tecnologías de filmación
Efectos visuales por ordenador, *action cams*, drones y
estabilizadores

Hasta hace muy poco, cuando necesitábamos una imagen aérea, un plano imposible (dentro de una nevera, en el techo, dentro de una pared,...), un rótulo del tamaño de una fachada o una secuencia en movimiento (con la imagen estabilizada) se necesitaban unos recursos carísimos y contratar obligatoriamente a unos técnicos muy especializados. Así, plantear según qué cosas en una producción *low cost* era sinónimo directamente de renunciar a ello o, lo más normal, se tenía que apostar por una sola de esas necesidades, hacerlo con «algo» de calidad y desistir del resto de peticiones del director. Pero, en este apartado, os tenemos muy buenas noticias. Actualmente, miles de empresas nos están ofreciendo soluciones económicas, adaptadas a los equipos de rodaje y además funcionan increíblemente bien.

Tenemos programas de efectos visuales informáticos con versión gratuita, donde se nos ofrecen las opciones de *tracking* y rotoscopia. ¿Para qué nos puede ser útil? Por ejemplo, sustituir los paneles publicitarios de un local o vehículo con una facilidad, calidad y con un mínimo coste, aunque la imagen esté en movimiento. Imaginaros esta situación que se nos dio en un rodaje real, donde necesitábamos sustituir el rótulo de un comercio de una de las localizaciones de la película. El resultado visual que obtuvimos con uno de estos programas fue totalmente realista, y en costes de producción nos ahorramos el dinero en la impresión, construcción y sustitución del rótulo existente por la nueva versión y el desmontaje posterior para dejar la fachada como estaba. Además, el ahorro en tiempo y problemas en el montaje en la localización. Todo ello fue sustituido por un archivo de imagen que contenía el diseño de la nueva rotulación.

Las *action cam* se han vuelto muy populares y sus precios se benefician de la reducción de costes que se produce en la producción de los productos de fabricación en escala. Seguramente no nos solucionará las necesidades de cámara para todo el rodaje, pero sí nos pueden ser muy útiles. Tenéis que saber que en este momento hay muchos modelos que llegan fácilmente a grabar en formato 4k, y gracias a su tamaño, carcasas y soportes, nos permite ubicarlas dentro de muchísimos espacios, que en caso de que tuviéramos que hacer uso de una cámara más grande requeriría un trabajo del departamento de arte muy importante, con los costes que ello conlleva. Por ejemplo, podremos meter la cámara en una pequeña caja fuerte, dentro de una nevera, una pecera, o donde el director de fotografía imagine... Y todo ello sin

Go-pro

tener que modificar la estructura de ninguno de estos «recipientes». También podemos colgarla del techo, ofreciendo un plano cenital, usando sencillamente una pequeña ventosa sin necesidad de montar ninguna estructura.

El caso más evidente de estas nuevas tecnologías increíbles se da con los drones. Los costes de operación de una avioneta o un helicóptero no tienen absolutamente nada que ver con los de un dron. Es verdad que hay algunas limitaciones de vuelo y uso, igual que pasa con los helicópteros. Pero..., según qué necesidad real que tengamos, hay drones tan pequeños que nos sirven y estos son tan poco pesados y voluminosos que no están limitados por la legislación (por norma general se consideran juguetes si no llegan a los 2 kg de carga). De hecho, como

Drone tipo hexacóptero (6 hélices)

tienen estabilización de cámara incluso nos pueden sustituir o simular una grúa en interiores, siempre que sean un poco amplios para poder operar con ellos.

Los estabilizadores de cámara resultan un caso particular. Se ha trasladado la tecnología que se utiliza en los drones para estabilizar directamente a las cámaras. El resultado son estabilizadores electrónicos que compiten en prestaciones con los *steadycam* a un precio ínfimo y con una facilidad de uso impresionante. Una vez más, los más económicos son los que pueden estabilizar menor peso, que curiosamente coincide con las cámaras *low cost* o dslr que seguramente habremos optado.

En este caso todos los elementos confluyen para ayudarnos. Subir de calidad de cámara (y peso) nos deja sin posibilidad de hacer uso de algunas de estas tecnologías.

El montaje on-set, visionados, copias de seguridad y control de imagen y sonido

Con la aparición de las primeras cámaras digitales de cinematografía, apareció un nuevo perfil profesional. Se trataba del DIT (Digital Imaging Technician).

Su trabajo ha estado, desde su creación, en continua evolución con la utilización masiva de las cámaras digitales en los rodajes y la normalización en su uso (pocos actualmente ruedan en fotoquímico). Sus funciones más conocidas son la descarga, custodia y procesado de los archivos de cámara y sonido en set, del material rodado. Su labor empezará un poquito antes del inicio del rodaje con la definición del flujo de trabajo a realizar con los archivos de imagen y sonido *mixdown* (*workflow*), teniendo para ello en cuenta las características del rodaje. No es lo mismo rodar en un estudio, que en un desierto. También, el DIT, definirá y justificará en un documento las necesidades de sus equipos con las especificaciones técnicas y las medidas de custodia a implementar. Este documento, además, será útil para producción en la negociación de contratos de seguros especiales para la película. Evidentemente, en la formulación más completa de trabajo de un DIT se consiguen cosas como la optimización de las tarjetas de memoria, copias de seguridad número de discos duros de *backup*, verificación de la calidad e integridad de la imagen, creación de *looks* previos de visualización (LUT), calibración de monitores para el visionados del director y entrega de copias de los *dailies*. ¿Pero que son los *dailies*? Un *dailie* representa la posibilidad de visionado, con sincronización de la pista *mixdown* proporcionada por el jefe de sonido, con corrección de color

Imagen combo de rodaje

no destructiva indicada por el director de fotografía (*dop*) e incluso montaje de secuencias siguiendo el guion. Lo que permite al director y al productor ver cómo van encajando las piezas rodadas en el propio rodaje.

Además, tenéis que las cámaras de cine actual capturan más de lo que se ve, para ello hacen uso de curvas pseudologarítmicas en la imagen capturada, que suavizan la curva tonal, con lo que se optimiza el rango dinámico. Así, si al principio un DIT estaba en el set con un portátil, en una mesa con discos duros externos, actualmente pueden ocupar un par de *magliners* totalmente cargados. O, si se les instala en una habitación, la ocupan por completo con sólo su equipo. Como referencia, en *Techo y Comida* la capacidad del sistema de copias de la película era de 36 gigas repartidos en 4 raids y en *The Line* se utilizaron dos raids de 8 gigas.

En una versión reducida del trabajo de DIT, con menos equipos, se responsabilizan de hacer las copias de seguridad, la custodia de la película rodada y la revisión de los *dailies*. Cuando hacen sólo estas funciones, también se les llama *Data Wrangler,* pero nosotros por simplificación siempre les denominamos DIT.

Maleta de DIT portátil con HD

El *re-shoot*

En un rodaje es la repetición de algo ya grabado. Muchas veces puede ocurrir que el material puede no estar bien grabado (audio o vídeo). O revisando el *dailie*, se detecte un problema técnico de cualquier tipo, incluso de *raccord*, o que la interpretación al ser revisada se ve mejorable. En este caso, se programa un *re-shooting* para conseguir el efecto y la calidad deseada.

También se le llama *re-shoot* cuando, por desgracia para la producción, una vez en la fase de montaje se considera necesario abrir otra vez el rodaje para filmar nuevas escenas. Evidentemente esto es un drama sin paliativos y desequilibrará el presupuesto, porque el dinero pensado en ser invertido en esta fase ya habrá sido gastado... Además, los escenarios habrán sido desmontados, los actores estarán en otros proyectos, etc, etc.

Cierre del rodaje (*Wrap*)

Desde la década de 1920 los directores han utilizado la frase «it's a wrap-up» para indicar la finalización del rodaje y que se está en condiciones de pasar a postproducción. Como curiosidad, se llama *wrap party* a la fiesta tradicional de despedida de rodaje en la que participan reparto y equipo técnico. Esta fiesta es el final de la participación de la mayoría de ellos en la película, sólo algún actor participará en doblajes de audio o en la promoción. Del equipo técnico, la gran mayoría tampoco seguirá en postproducción.

En lo que a nosotros respecta, además de la fiesta de despedida del equipo, este es el momento de activar las operaciones de cierre y cerrar todos los flecos. Los diferentes equipos iniciarán las rutinas técnicas para devolver el material de alquiler en condiciones óptimas. La supervisión de todas estas operaciones corresponde a producción. Aquí se engloban todos los equipos de iluminación y eléctricos (generadores, focos, soportes), vehículos de todo tipo, equipos auxiliares (mobiliario, teléfonos, *walkies*, impresoras), material del departamento de arte, cierre de las oficinas y por supuesto material de cámara. Se trata de haber planificado desde el principio estas operaciones de repliegue. Pensar que cualquier fleco no resuelto, significará una pérdida de dinero en lo que las casas de alquiler llaman cargos en concepto de *damage*.

Escena de claqueta

5

LA FASE DE POSTPRODUCCIÓN

Procesos de postproducción

La etapa de postproducción engloba todos los trabajos que se realizan en la creación de una película o una pieza audiovisual una vez finalizado el rodaje. Estos incluyen procesos tan cruciales y decisivos en la articulación de la obra final como el montaje, el verdadero instante en que el film empieza a tomar forma mediante la selección, ordenación y estructuración de los planos para crear secuencias que finalmente se convertirán en la película definitiva.

Se considera que el montaje es el verdadero arte propio a la cinematografía, puesto que con anterioridad ya existían la literatura, el arte dramático, la interpretación, la música, la arquitectura o la fotografía, los distintos ingredientes que definen el cine y que confluyen a través de un lenguaje propio y único: el montaje cinematográfico.

Sin duda ésta es la principal tarea que tiene lugar durante la fase de postproducción, ya no por una cuestión de duración en el tiempo

Sala de edición de cine digital

puesto que a menudo los procesos de efectos visuales o CGI pueden alargarse mucho más, sino porque en este proceso se gesta la película final, y por lo tanto se vuelve a él una y otra vez a medida que se van cerrando otras labores –sonido, color, efectos– convirtiéndose en el verdadero organismo que da vida al film.

Es alrededor de este montaje, pues, en donde se van tejiendo las demás labores de la postproducción en los campos de la imagen y el sonido. En cuanto a las tareas de imagen encontraremos la producción efectos visuales o CGI (*computer generated imagery*) que incluyen tanto la creación e integración de objetos y animaciones 3D dentro de la imagen real, como el retoque, modificación o transformación de partes de esa imagen para lograr el efecto deseado por el director.

Esta labor particular se ha incrementado de forma extraordinaria en las últimas décadas debido a la transformación digital del medio. Lo que anteriormente suponía la ejecución de difíciles y costosos efectos especiales que se integraban de forma óptica en los laboratorios, ha sido sustituido hoy por modernos programas de creación de efectos visuales realizados con ordenadores. Esto no sólo ha supuesto un grado de espectacularidad mayor en las grandes producciones, sino que ha permitido que películas más modestas puedan optar a integrar elementos que antes hubieran sido imposibles sin un elevado presupuesto. Así, incluso en proyectos *low cost* se puede trabajar con personajes u objetos 3D, animaciones, efectos atmosféricos o aún alteraciones notables en los personajes y los objetos que los rodean, y todo ello por un coste infinitamente menor que hace apenas una década.

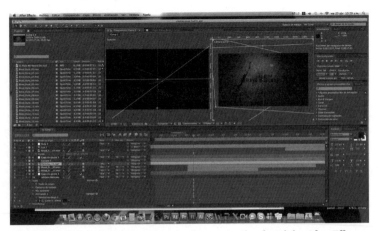

Pantalla software de composición de efectos visuales de Adobe After Effects

Otro de los procesos importantes de la postproducción, el cual ha vivido también un extraordinario cambio en cuanto a su realización y producción, es el etalonaje o corrección de color. Tradicionalmente el etalonaje ha sido un proceso de laboratorio cinematográfico, que mediante procesos fotoquímicos conseguía igualar el color, la luminosidad y el contraste de los diferentes planos que formaban las secuencias de una película de cine. Con la llegada del cine digital, el concepto de etalonaje ha pasado también a utilizarse en este medio para definir todo el proceso de postproducción que hace referencia a la corrección de color y a conseguir la apariencia adecuada de cada secuencia en función de la narrativa de la misma. Lejos de los complejos procesos de laboratorio fotográfico, el etalonaje digital se realiza en ordenador y utiliza programas de corrección de color específicos que proporcionan todos los controles sobre algo tan subjetivo como es la percepción del color, pero que es tan influyente a nivel psicológico en el espectador. En cine digital el retoque de color es imprescindible para garantizar la calidad del resultado final puesto que gran parte del concepto de imagen cinematográfica implica un tratamiento visual que transmita emociones, y el poder del color en ese aspecto es verdaderamente asombroso.

Uno de los últimos procesos en cualquier producción es la masterización y preparación del material para crear versiones que sean disponibles para la distribución y exhibición de la misma. Hoy en día coexisten distintos diversos formatos de distribución de las obras audiovisuales, desde la tradicional proyección en 35mm hasta los formatos digitales para cines como el DCP, o aún los formatos para ser alquilados y/o adquiridos a través de Internet, en plataformas de distribución como Filmin o de *streaming* como Netflix. Toda esta revolución en cuanto a la explotación de las películas ha hecho que el trabajo de postproducción ligado a la masterización, compresión y entrega de las copias finales se haya vuelto mucho más compleja que en los días de la copia tradicional salida de laboratorio.

En cuanto al sonido los procesos principales son el montaje de sonido, las mezclas, los efectos sala, la resincronización y la masterización. Todos ellos están obviamente íntimamente ligados al proceso de montaje y revierten finalmente en él antes de proceder a la realización de la copia final. Hablaremos detalladamente de cada uno de ellos más adelante.

El director de postproducción

Hemos visto en el capítulo anterior cómo, gracias a la transformación digital del medio, el montador ha salido por fin de su oscura sala de montaje para integrarse, parcialmente, al rodaje y a las tareas de pre-montaje que se desarrollan on-set. Este mismo fenómeno es aplicable a otro cargo de vital importancia en la creación de una película, el del director de postproducción.

La complejidad de los distintos procesos que hemos mencionado hace esencial la presencia de un cargo que tenga una visión global sobre todo el desarrollo de los mismos, desde el momento de la preproducción, hasta el rodaje y el posterior proceso de montaje, efectos y etalonaje, para asegurar así la unidad, la coherencia y la efectiva realización de los deseos del director, siempre en consonancia con el trabajo del montador, y siguiendo fielmente el presupuesto establecido por el productor.

El director de postproducción debe, por lo tanto, poseer profundos conocimientos del lenguaje cinematográfico, de las técnicas empleadas durante el rodaje, y de las de edición y efectos visuales, a la vez que debe ser capaz de gestionar unos estrictos presupuestos y calendarios. Mano a mano con el director de producción, su rol consiste en supervisar y aprobar las distintas áreas de la postproducción hasta la satisfactoria entrega de la copia final.

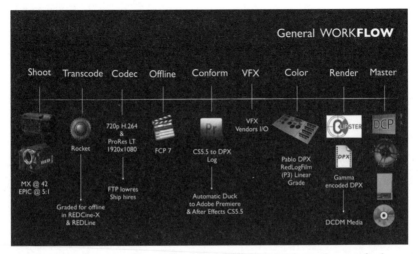

El proceso de postproducción (*workflow*) desde el rodaje hasta el master final.

Inicio de la postproducción, el montador y su equipo

Como hemos visto con anterioridad, el tradicional proceso de montaje se ha visto alterado por la irrupción de los medios digitales, que han permitido que el montador pueda acceder al material filmado desde el mismo momento en que este es rodado, incitando así a que el montaje arranque, en función de las necesidades de la producción, desde el origen de la captación de imágenes.

Esto permite por supuesto que el montador esté más en contacto con las vicisitudes propias del rodaje, lo cual no es siempre del agrado de todos. Como bien explica Joan Marimón en su espléndido libro *El montaje cinematográfico*, originalmente el director era el mismo montador de la película, puesto que realización y montaje, como ya hemos visto, son indisociables, ya que la edición de las imágenes y el sonido son intrínsecas al lenguaje propio de la película. Históricamente, la complejidad técnica que trajo consigo la tecnología cinematográfica favoreció la aparición de una figura nueva en el arte de crear películas, la del montador, el cual se encuentra caballo entre técnica y creación, puesto que de su labor emanan conceptos como el ritmo, la pulsión, la métrica y la narratividad fílmica, y eso obviamente en una clara relación fusional con el director (o en el caso de las producciones hollywoodienses, con el productor ejecutivo). Y es justamente esa compleja relación director-montador la que se ha visto afectada por la llegada del medio digital y por lo tanto de la capacidad de traer al montador al lugar del rodaje. En efecto, si se da por supuesto que un realizador debe ser plenamente capaz de montar su propia película –tal vez no de forma técnica puesto que las herramientas tienden a ser complejas, pero sí al menos a nivel de lenguaje– el montador se erigió durante décadas como una figura que se enfrentaba a la película de forma pura, es decir, sin la contaminación que suponen los conflictos, imprevistos y demás acontecimientos propios de un rodaje, en donde el director se ve sometido a un sinfín de eventos que tuercen y moldean su

Montador de cine trabajando con un programa de edición digital

visión del propio film, llevándolo a menudo a juzgar los planos rodados de una manera más emocional que racional, y tal vez equivocándose a la hora de elegir qué tomas o qué duración de las mismas deben tener lugar en la edición final.

Imaginemos por un momento que un director se enfrenta a una escena de gran complejidad tanto técnica como humana, y que esa misma escena le supone horas, o incluso días de trabajo hasta que es llevada a buen puerto. Es de esperar que el realizador mostrará cierta tendencia a ser muy benigno respeto a esa particular escena, puesto que esta le ha supuesto un enorme trabajo. No digamos ya si la misma secuencia ha costado una elevada suma de dinero. El productor tratará por todos los medios que el material sea incluido en la versión definitiva de la película. Justamente ante estos retos se erige la figura del montador, un individuo que no se ve influido por cuestiones emotivas, técnicas o financieras, impermeable a lo mundano de la producción, y que sólo piensa en dar a la película la mejor forma posible, incluso si ello conlleva el corte de escenas que fueron extremadamente difíciles de rodar o muy costosas. El montador se mantiene al margen de cualquier cuestión que no sea la de buscar la mejor solución para hacer que la película fluya y funcione con el espectador.

Su presencia en el rodaje por lo tanto supone una fuerte alteración a este sistema, eficiente durante décadas, ya que por primera vez éste se ve inmerso en las pasiones propias de un proceso extremadamente humano, lo cual ha despertado no pocas críticas respecto a la alteración de la verdadera función del montador –una consciencia limpia y desintoxicada– la cual se vería afectada por esa exposición a la propia producción. Aún así se trata de mantener a los montadores lo más alejados posibles del set para preservar en la mayor medida su independencia con respecto a la obra.

Por regla general el montador trabaja directamente con el director, siendo por lo tanto él el responsable último de la estructura final de la película. En algunos casos el director es también el montador, como es el caso de James Cameron o Rodrigo Cortés, pero esto es normalmente una excepción.

El montador puedes tener varios ayudantes que le ayuden en su labor. Por lo general un primer ayudante que se ocupará de organizar y preparar todo el material para el corte, a menudo «limpiando» las escenas de elementos indeseados: planos fallidos, fragmentos superficiales e incorrecciones respecto a la hoja de rodaje. El primer ayudante es en efecto el responsable de recepcionar el material filmado y contrastarlo con los partes de cámara provistos por el ayudante de producción o el script, para establecer así un informe previo destinado al montador jefe, el cual debe incluir el máximo de detalles, anotaciones y comentarios provenientes del rodaje, para transmitir hasta el último detalle las cuestiones que han surgido durante el rodaje.

En un equipo convencional encontraremos también a un segundo ayudante de montaje, el cual fundamentalmente se ocupará de los procesos técnicos para tener el material a punto para editar: sincronizar la imagen y el audio mediante las claquetas; organizar las tomas en sus carpetas respectivas; exportar, digitalizar y comprimir y/o transformar los archivos en los formatos adecuados para encajar en el proceso de trabajo que hayan definido el montador y el director de postproducción. Se trata de un perfil técnico que asume gran parte de las labores «mecánicas» que se presentan ante cualquier producción. Aún así, su presencia es vital para acelerar la postproducción y cumplir con los calendarios establecidos.

En un equipo tradicional se encontrarán también uno o más auxiliares de montaje (también llamados aprendices en algunos países americanos, o incluso becarios desde la popularización de las escuelas de cine), a los cuales se les encomiendan las más diversas tareas, desde encargos técnicos hasta el mantenimiento de la sala de edición y de los equipos de trabajo.

Usualmente, la evolución típica de la profesión hacía que estos auxiliares lograran algún día ascender a segundo ayudante de montaje, luego a primero y finalmente ser ellos mismos jefes montadores. Y en la estructura clásica y jerárquica de Hollywood incluso podrían llegar a ser directores, como fue el caso de Edward Dmytryk, Robert Wise o James Cameron.

Sin embargo, la revolución digital y la democratización del medio ha alterado notablemente este

Edición en un ordenador portátil

panorama. No es extraño hoy encontrar numerosas producciones en las que el montador trabaja totalmente solo, sin ningún ayudante, se encuentra presente en el rodaje e incluso ejecuta los efectos especiales él mismo en su laptop. Programas de edición como Avid, Adobe Premiere o Final Cut pro, o de creación de efectos visuales como After Effects o Nuke, permiten que una sola persona equipada de un buen ordenador portátil sea perfectamente capaz de realizar procesos que anteriormente estaban limitados a carísimas salas de postproducción ampliamente equipadas con tecnología punta, inaccesible a la mayoría de los creadores audiovisuales. La notable transformación del medio ha alterado de forma radical esta situación, permitiendo la convivencia de dos mundos, el de la gran industria con múltiples equipos de trabajo formados de cientos de profesionales, como en el caso de las grandes producciones de cine y televisión, o de pequeñísimos equipos multitarea enormemente versátiles, realizando películas de bajo coste frente a vientos y mareas. Sin duda lo más fascinante de ambos casos es que la labor del montador se mantiene idéntica en cualquier de los dos casos, buscar siempre la mejor estructura para narrar la historia, infundirle el ritmo apropiado y dotar a la película de esos particulares toques, ese «duende», que permitirá romper el aparato cinematográfico y otorgar vida a los personajes de la pantalla.

El director, el productor y el montador en la sala de montaje

Como hemos visto, la sala de montaje es tal vez el último centro neurálgico en el que se cocina una película antes de que ésta se vuelva realidad. Es por lo tanto un lugar de vital importancia, ya no únicamente a nivel de creación fílmica, para el director y su montador, sino también en términos de producción. En efecto, aunque el grueso del trabajo técnico sea llevado a cabo por el editor y su equipo; el trabajo creativo, es decir, todas aquellas decisiones referentes a la estructura, la narración y el ritmo del film, por el binomio realizador-montador; no hay que olvidar que el productor tiene un rol esencial en el cierre de la producción, tanto a nivel de decisiones creativas referente a los contenidos de la obra, como en solicitar o incluso imaginar piezas relativas a la promoción de la misma, tales como clips, *teasers*, *trailers*, fragmentos o incluso vídeos en directo tipo *streaming* para publicitar la producción en las redes sociales, festivales o mercados del film.

Es muy conocido el hecho de que en las producciones norteamericanas los productores sean a menudo más poderosos que los directores, los cuales pueden ser contratados para realizar la película pero no tener derecho al *final cut*, el montaje final que es reservado a los productores ejecutivos, en este caso verdaderos responsables últimos de la obra. Esto es especialmente claro en las series de TV, donde el *showrunner* es el que tiene la última palabra en el cierre del montaje, siendo los realizadores meros técnicos que se encargan únicamente de la parte del rodaje.

En el cine europeo o latinoamericano esta estructura de trabajo difiere notablemente ya que se considera al director como responsable final (y a menudo único) de la creación fílmica. Esto sin embargo no implica que el productor pueda aportar una visión muy constructiva, e incluso vital, al buen desarrollo de la película. Realizador y editor pueden haber estado trabajando durante semanas –en regla general entre ocho y dieciséis semanas para el montaje de un largometraje– con una media de diez a doce horas de trabajo diario, lo cual obviamente les hace implicarse enormemente en la obra y en su proceso de construcción. Tratándose además de un trabajo solitario, muy alejado de la dinámica del rodaje, es común que ambos creadores se vayan obsesionando progresivamente con el material filmado dadas las infinitas posibilidades de articulación que se les presentan, llevando a una dinámica de ensimismamiento que puede llegar a ser nociva para el resultado final. El rol del productor, en este caso, consiste en devolver la frescura al transcurso de la edición, ejercer de primer interlocutor crítico de las distintas versiones que se vayan presentando, y mantener la energía, el entusiasmo y el criterio artístico bien vivo en el equipo.

El coordinador de sonido y su equipo

El sonido es sin lugar a dudas una de las disciplinas cruciales en la creación cinematográfica, tanto por su capacidad expresiva y su mecanismo de transmisión narrativa y emocional, como por la posibilidad de hacer «ver» al espectador imágenes que no han sido filmadas, pero que mediante el arte sonoro existirán en nuestra mente. En su magnífico libro *La audiovisión: introducción a un análisis conjunto de la imagen y el sonido,* Michel Chion nos ilustra sobre este fenómeno poderoso, el cual ha sido durante años el gran desconocido de la industria en nuestro país. En efecto, durante años el cine español y latinoamericano no ha prestado toda la atención requerida a uno de los lenguajes más eficientes a la hora de contar historias, tomando así un retraso notable en esa área con respecto a cinematografías como la norteamericana o la francesa, las cuales sí tienen un largo recorrido en el campo. De hecho durante años los mejores profesionales del sonido en el cine español han sido de nacionalidad francesa o belga. En años más recientes sin embargo, esta carencia ha sido colmada en gran parte gracias a las escuelas de cine que han sabido formar a una nueva generación de creadores preparados para una de las artes más fascinantes y potentes del lenguaje audiovisual.

Sala de postproducción de audio

Como hemos visto anteriormente, el trabajo de sonido arranca en el momento de la preproducción de la mano de un cargo reciente en la industria (o por lo menos más reciente que otros), el del diseñador de sonido.

La creación sonora de una película se genera en dos partes: por un lado el registro del sonido directo durante el rodaje a manos del ingeniero de sonido y su equipo, que incluye el *perchman* y su ayudante; y por otro el trabajo del sonido durante la postproducción, dividiéndose la labor en dos grandes bloques, el montaje de sonido y las mezclas.

A menudo existe una confusión respecto al concepto de montaje de sonido, asumiendo que el término montaje se podría referir únicamente al montaje de imagen. Nada más alejado de la realidad: el montaje se crea usando tanto imagen como sonido, diálogos grabados en sonido directo, sonido de ambiente de referencia, y a menudo, efectos de sonido pregrabados y músicas de librería que el montador utiliza para definir las escenas de la manera más fidedigna posible.

En ese momento propiamente dicho es cuando arranca la labor del montador de sonido, un profesional cuya labor consiste en añadir todos los elementos que faltan a esa «banda de sonido».

Por un lado debe trabajar los diálogos para que estos encajen perfectamente con el montaje propuesto, a menudo utilizando tomas diferentes de las editadas, o incluso regrabando esas tomas mediante un proceso llamado ADR «*additional dialogue replacement*», el cual se aproxima al concepto de doblaje, cuando los actores graban de nuevo sus diálogos siguiendo las tomas ya filmadas, ya sea por una cuestión de defectos técnicos o para dar una entonación o interpretación diferente a las voces ya grabadas. En algunos casos también puede darse la situación de que un actor es íntegramente doblado a otro idioma, siendo este el principal de la producción. Es este por ejemplo el caso de Philippe Noiret en *Cinema Paradiso*, el cual grabó la película en francés y fue posteriormente doblado al italiano.

Otra de las labores principales del montador de sonido es la edición de los efectos sala o *foley*, siendo éstos aquellos efectos que buscan la recreación de sonidos que por diversos motivos no fueron recogidos en el momento de la grabación de la escena. Sonidos como pasos, objetos, fondos, etc... son recreados en el estudio de sonido y añadidos a la edición. Se trata de una labor muy creativa llevada a cabo por los *foley-artists*, los cuales son capaces de prodigios como reproducir el sonido de un caballo cabalgando mediante el uso de cocos o emular puñetazos mediante el chasquido de un látigo, demostrando así que el sonido es un lenguaje altamente marcado por las convenciones culturales del espectador.

Finalmente el montador de sonido trabajará también con librerías de audio que le permitirán generar las capas que darán realismo a una escena, a menudo añadiendo ruidos que no se ven en la imagen, tales como objetos, vehículos, animales, voces humanas, etc... las cuales transmitirán una asombrosa sensación de realismo al espectador.

Sala de grabación en estudio de sonido

La última etapa del montaje de sonido será la inclusión de la música en la mezcla, la cual, como veremos más adelante, es otro elemento fundamental en la transmisión de emociones del aparato audiovisual.

Una vez finalizado el montaje de sonido, éste se devuelve a la sala de montaje como referencia antes de pasar a su último proceso: el de la mezcla.

De forma común, la mezcla de audio es un proceso utilizado en la edición de sonido para balancear y equilibrar el volumen relativo y la ecualización de las fuentes de sonido que se encuentran presentes en un evento sonoro. Más particularmente, la mezcla de audio para cine y televisión es un proceso durante la etapa de postproducción de un programa de imagen en movimiento mediante el cual se combinan multitud de sonidos grabados. En el proceso, el nivel de la señal de la fuente, el contenido de la frecuencia, la dinámica y la posición panorámica se manipulan comunmente y se agregan los efectos. El proceso tiene lugar en una etapa de mezcla, por lo general en un estudio o teatro, una vez que los elementos de imagen se editan en una versión final. Normalmente, el ingeniero mezclará cuatro elementos principales de audio: habla (diálogo, ADR, *voz-overs*, etc.), ambiente (o ambiente), efectos de sonido y música.

Finalmente la masterización permitirá al ingeniero de sonido preparar las distintas versiones adecuadas para la difusión de la película –sala de cine, DVD o Blu-Ray, Internet *streaming*, etc...– y también crear una mezcla para sonido espacial, por ejemplo 5.1 o 7.1, en la cual los distintos sonidos se ubican en un espacio tridimensional, emulando el que encontrará el espectador, y añadiendo así una cualidad de realismo en la difusión del mismo.

Los efectos de audio 3D son un grupo de efectos de sonido que manipulan el sonido producido por altavoces estéreo, altavoces de sonido envolvente, grupos de altavoces o auriculares. Esto con frecuencia implica la colocación virtual de fuentes de sonido en cualquier lugar en el espacio tridimensional, incluyendo detrás, por encima o por debajo del oyente.

Toda esta complejidad a la hora de crear el sonido de una película hizo emerger la figura del diseñador de sonido, un profesional cuya labor es definir tanto el contenido como la técnica y la estética del mismo a lo largo de los distintos procesos, arrancando desde la preproducción y supervisando las distintas etapas de su desarrollo. El montador Walter Murch fue el primero en ser denominado con este título, por su trabajo en la película *Apocalypse Now* de Francis Ford Coppola, en 1979. En este film fue el responsable del montaje y el trabajo meticuloso aplicado a la creación de las bandas de sonido, hizo que el director considerara que había aportado tanto al clima y la historia de la película, que no podía ser llamado solo «sonidista». En ciertas películas esta tarea queda a cargo del *sound re-recording mixer* o del *supervising sound editor*.

Al igual que en cualquier proceso de postproducción digital, no es extraño hoy en día ver que el diseñador de sonido sea el mismo profesional que graba el sonido directo durante el rodaje, edita el mismo y lo mezcla posteriormente.

Equipamiento técnico y estudios

Hemos visto que la postproducción conlleva una notable carga de trabajo en estudios de diversa índole. Estos obviamente son inevitables, y a menudo su coste suele disparar el presupuesto de una producción. En cuanto a los equipos técnicos es cierto que la tecnología digital ha abaratado los procesos y democratizado su uso de una forma extraordinaria. Estos son algunos de los programas más utilizados en la industria actualmente.

Software de edición

- Adobe Premiere Pro
- Avid Media Composer
- Final Cut Pro X
- Lightworks
- Sony Vegas Pro

Software de edición y postproducción de audio

- Avid Pro Tools
- Ableton Live
- Adobe Audition
- Apple Logic Pro X
- Cakewalk
- Sony Sound Forge Audio

Software de efectos visuales

- Adobe After Effects
- Blackmagic Fusion
- Mistika
- Nuke
- Toxik

Software de modelado y animación 3D

- 3Ds Max
- Autodesk Maya
- Cinema 4D
- Houdini

Software de corrección de color

- DaVinci Resolve
- Adobe SpeedGrade
- Color Finale
- Magic Bullet Suite

El montaje y sus versiones

Hemos repasado de forma general los distintos procesos que conforman la postproducción cinematográfica, y como ya hemos comentado, todos estas etapas confluyen de nuevo en el montaje principal, verdadera ágora en la que las distintas versiones, modificaciones, opiniones de las más diversas naturalezas e intereses contrapuestos según sean los criterios artísticos, económicos, técnicos o incluso políticos –sí, a veces sucede que los criterios son puramente políticos– desembocan en una obra que acaba siendo multiforme, y según como cambiante.

Cuando cerró el montaje de su obra maestra *El Sur,* Víctor Eríce estaba convencido de que su productor, Elías Querejeta, le permitiría rodar la parte de la película que faltaba, es decir, todo el final a decir de su director. Querejeta sin embargo, al presentar el film en el Festival de Cannes, y observar su magnífica recepción, se convenció de que era innecesario seguir adelante con la filmación puesto que la película era perfec-

Imagen de rodaje

ta tal como se encontraba en ese momento. He aquí uno de los ejemplos más evidentes de cómo una versión de montaje puede resultar en una obra definitiva, en este caso por supuesto rompiendo definitivamente la relación de amistad y colaboración entre ambos cineastas.

A menudo los directores pueden chocar con sus productores a la hora de cerrar una versión de la obra. Les ha pasado a los más grandes: Ridley Scott con *Blade Runner*, Michael Cimino en *Heaven's Gate,* Orson Welles en *The magnificent Amberson's (El cuarto mandamiento)* o incluso Iván Zulueta con su extraordinaria *Arrebato*. En el cine confluyen intereses artísticos con intereses financieros, y no siempre ambos logran llegar a buen puerto. Y aunque por regla general tendemos a defender la visión del director, puesto que él es el verdadero autor de la obra, es muy difícil determinar a ciencia cierta cuántas películas han sido salvadas del fracaso por sus productores. El cine es a fin de cuenta un medio de comunicación de masas, y una película que no encuentre su público se pueda definir sin lugar a dudas como un fracaso.

Las distintas versiones de montaje de un film pueden, por otro lado, no corresponder únicamente a divergencias en el criterio creativo sino más bien a elementos de explotación que dependen de los distribuidores. Duraciones distintas para mercados geográficos, para explotación en salas de cine, DVD, televisión o Internet, e incluso versiones específicas para festivales que posteriormente son adaptadas para su vida comercial.

El marketing del cine suele utilizar estos recursos en beneficio del éxito de la película. Así, no es de extrañar que los re-montajes, también conocidos como *director's cut* o *redux*, provengan a veces de una decisión meramente mercantilista, utilizando la vieja rencilla entre creadores y financieros para re-estrenar una obra utilizando, una vez más, un viejo recurso más próximo al *storytelling* que a la realidad.

La música y las grabaciones

El compositor de la banda sonora de una película se halla entre el selecto grupo de creadores considerados autores de la misma, siendo éstos por regla general el director, el guionista y el director de fotografía sus principales miembros. Es curioso que tradicionalmente el montador o el diseñador de sonido no se encuentren entre los mismos, siendo su labor una parte esencial de la construcción de la obra. La rápida transformación digital del medio, sin embargo, está tendiendo a transformar esta visión «industrial» de la creación cinematográfica, y no sería de extrañar que durante la próxima década algunos de los preceptos más arraigados de la estructura industrial fílmica se vieran notablemente alterados por nuevos factores que cambiaran las reglas del juego.

Sea como fuere, los compositores han jugado siempre un rol esencial en la creación fílmica, ya que de su arte derivan unas capacidades emocionales de la más alta magnitud. El músico de cine tiene que, ante todo, poseer una intuitiva capacidad para adaptar su banda sonora a la pulsión, el ritmo y la narración cinematográfica, ayudando en todo momento al desarrollo de la misma, generando transiciones entre escenas y manteniendo vivo el espíritu que mueve a la película.

Según el compositor José Nieto, el responsable final de una obra es el director y por lo tanto él debe determinar si la música, como componente abstracta pero enormemente influyente en el plano psicológico, es adecuada o no para su film. Esta relación de complicidad entre directores y compositores ha generado grandes binomios en la historia del cine como en el caso de Alfred Hitchcock y Bernard Herrmann, Sergio Leone y Ennio Morricone, François Truffaut y Georges Delerue, Steven Spielberg y John Williams o Pedro Almodóvar y Alberto Iglesias.

La música es por lo tanto uno de los elementos más distintivos de la obra cinematográfica como demuestra el hecho de que la memoria colectiva del público sea capaz de tararear sin dificultad diversos temas de películas míticas, o incluso de reencontrar diversos títulos únicamente gracias a unas pocas notas.

El trabajo del compositor de música de cine empieza, a menudo, desde el mismo momento de la escritura del guion, cuando el director le solicita su colaboración. Es por lo tanto puramente con texto y no con imágenes cuando arranca el trabajo de creación de unas notas que definirán al film, lo cual demuestra hasta qué punto el lenguaje musical es extraordinario para evocar emociones, posiblemente el lenguaje más poderoso y universal que existe.

Es por ello por lo que es esencial otorgarle a la creación musical de la película una importancia capital. Primeramente con la elección del compositor más afín para el tono cinematográfico que se esté buscando, y luego permitiendo que éste pueda desarrollar su arte de la mejor forma posible. Y esto por supuesto no es una tarea fácil, ya que si el trabajo de cualquier compositor posee elementos en común –la creación de los temas principales, la definición junto al director de las escenas que llevarán música, su intención y dirección, el enlace narrativo que aporta la música y, finalmente, la adaptación de esa banda musical a la obra filmada, tarea que se lleva a cabo mediante una proyección en la que el músico integra paso a paso su partitura a las imágenes y los sonidos de obra en curso– será muy diferente la labor de, por ejemplo, un músico electrónico que pueda realizar la totalidad del trabajo por sí solo, de un compositor que requiera un trabajo orquestal realizado en grandes estudios de grabación provistos de pantalla de proyección, con músicos contratados para un número determinado de sesiones, lo cual implicará un coste elevado, aún buscando las salas y las orquestas de mejor relación calidad-precio. Aún así, la importancia de esta etapa es tal, y puede determinar en tal medida el éxito de la producción, que es recomendable dedicarle el máximo tiempo, esfuerzos y recursos.

Existe por supuesto otra posibilidad para musicar una película que consiste en utilizar piezas existentes, lo cual conlleva obviamente el pago de los correspondientes derechos de autor, pero cabe mencionar que una obra con estas caracte-

Orquesta grabando la banda sonora para una película

rísticas será enmarcada en una definición estilística muy concreta. Quentin Tarantino por ejemplo, ha sabido utilizar este mecanismo de forma brillante, pero incluso él, conocido por crear célebres bandas sonoras compuestas por antiguos hits, algunos de los cuales se vuelven a poner de moda, ha optado en alguna ocasión por utilizar a un célebre compositor –como en el caso de Ennio Morricone– puesto que la creación de una banda original siempre infundirá a la película de una personalidad y un carácter único y propio.

Los efectos visuales o VFX

Los efectos visuales, también llamados VFX por la contracción de su nombre en inglés, *Visual Effects*, son casi tan antiguos como el propio cine. Georges Méliès, uno de los pioneros del séptimo arte, es también considerado como el inventor de los por entonces llamados trucajes, toda suerte de técnicas, mecanismos e ilusiones ópticas –muchas de las cuales ya se usaban en el mundo del teatro y en de la magia– que Méliès se encargó de reinventar, desarrollar y adaptar en sus rodajes, para mostrar al público las fantasías más asombrosas, seres increíbles, paisajes inesperados y, en definitiva, cualquier cosa que pudiera salir de la imaginación de un creador.

Fotograma de la película *El viaje a la Luna* (1902) de Georges Méliès

La evolución del cine ha ido desarrollando una poderosa industria de los efectos especiales –aquellos que son elaborados durante el rodaje tales como lluvia, fuego, criaturas mecanizadas, etc...– y los efectos visuales, que son los que son recreados a posteriori durante la postproducción. Durante décadas estos efectos fueron creados mediante procesos ópticos y fotoquímicos, principalmente en los laboratorios cinematográficos. Muchos de ellos son hoy hitos en la historia del audiovisual, la retroproyección, el *matte-painting*, las maquetas, la animación tradicional o *stop-motion*, el *chroma key* o las máscaras siendo tan solo algunos ejemplos. La evolución tecnológica y la ingeniería de imagen y sonido han ido aportando nuevas y cada vez más impresionantes posibilidades al arte cinematográfico, y esto hasta hoy en día. Así, filmes como *Gravity* de Alfonso Cuarón o *Inception* de Christopher Nolan, hubieran sido imposibles de realizar apenas unos años antes, ya que los avances tecnológicos que permitieron crear sus imágenes se desarrollaron expresamente para esas producciones por ingenieros que investigaron largamente para dar con unas soluciones totalmente innovadoras.

Por supuesto la digitalización del medio ha supuesto un cambio absoluto en la creación de estos efectos. La actual capacidad de generar imágenes sintéticas mediante el ordenador –en inglés CGI, imagen generada por computadora– compite directamente con las imágenes reales, siendo cada vez más difícil distinguir entre lo real y lo artificial. Esto no siempre ha sido así. Durante años las imágenes digitales tuvieron sus detractores, quienes las acusaban de ser demasiado «falsas» con respecto a los efectos más tradicionales. Hitos como *Star Wars* (1977) de George Lucas; *Tron* (1982) de Steven Lisberger o *Parque Jurásico* (1993) de Steven Spielberg, marcaron un antes y un después en el uso de imágenes computerizadas que progresivamente iban incrementando el nivel de realismo que percibía el espectador. Y aún así hoy en día las podemos llegar a ver anticuadas, incluso defectuosas, viéndoles el «truco», siendo tan alto el actual nivel de los efectos visuales.

Personaje creado con software de 3D

Estos podrían encuadrarse, a grosso modo, dentro de dos categorías: los efectos 3D siendo todos aquellos que implican el modelado, estructura, animación, luz textura y renderizado de objetos tridimensionales que se integran dentro de la película, a menudo en relación con personajes u objetos que son previamente filmados, y los efectos 2D que serían todos aquellos creados sin necesidad de mostrar algún tipo de perspectiva, tales como agua, fuego, niebla u otros efectos atmosféricos, reflejos o retoques de la imagen mediante máscaras para sustituir ciertas partes de la misma por otras, integración de personajes rodados en fondo de *chroma key* azul o verde sobre otros fondos, o incluso animación de objetos creados por ordenador siguiendo el movimiento de la cámara de cine en un proceso llamado *tracking*. De hecho por postproducción se entiende la integración de la totalidad de efectos, tanto 2D como 3D, dentro de la imagen final, siendo una gran parte del trabajo de los compositores de imagen digital la de corregir y rectificar los defectos de imagen provenientes del rodaje, y de integrar en la misma los distintos elementos sintéticos creados por equipos diversos de postproducción.

Esta gran revolución en la capacidad de crear imágenes que antes sólo podían estar en la imaginación de los autores ha alterado intensamente la manera en que se hacen las películas. Departamentos como la fotografía o la dirección de arte ven como hoy en día gran parte del trabajo que antes se realizaba en el set de rodaje van a tener lugar durante la postproducción, rehaciendo las imágenes mediante un programa informático, cosa que trastoca profundamente su labor, ya no en el plano creativo puesto que éste sigue siendo tan crucial como siempre, pero sí en el aspecto de la ejecución técnica, ya que la imagen final tras ser rodada puede tardar meses en ser visible.

Por otro lado, el crecimiento exponencial de la presencia de CGI en las películas ha motivado un incremento espectacular en la necesidad de equipos y profesionales especializados en los distintos aspectos de esta arte. Los créditos de las grandes producciones de Hollywood inscriben a cientos de artistas y técnicos únicamente en las categorías de efectos visuales, y grandes empresas de postproducción y efectos como Industrial Light & Magic, Framestore, MPC, Digital Domain o, en España, El Ranchito, tienen a miles de empleados en sus plantillas. Durante las últimas dos décadas, el sector de la postproducción, los efectos visuales y las imágenes generadas por ordenador ha sido el que ha generado el mayor número de nuevos puestos de trabajo en la industria audiovisual. Por otro lado, la creciente influencia de la industria de los videojuegos, así como la permeabilidad y la fácil transferencia de estos profesionales entre ambos mundos, ha consagrado la especialización en efectos visuales y 3D como la más exitosa del medio.

Rodaje con fondo de croma-key y resultado final una vez compuesta la imagen

A ello ha contribuido en gran medida la fácil accesibilidad a los medios digitales y los programas de creación y edición 2D y 3D. Hasta el año dos mil estos software eran muy caros y sólo podían funcionar sobre equipos informáticos muy potentes y por lo tanto también muy costosos. Esta situación fue progresivamente cambiando a medida que los programas ganaban en flexibilidad y la tecnología se abarataba.

Actualmente un programa como *After Effects* para la creación y edición de efectos visuales puede funcionar sin ningún tipo de problema sobre un ordenador personal de gama media. Es más, las actuales versiones son capaces de realizar de forma simple proezas que anteriormente sólo estaban permitidas a los equipos más exclusivos. La facilidad de aprendizaje del programa, incentivada por la proliferación de tutoriales en línea que se ofrecen gratuitamente en Youtube, así como numerosas escuelas de cine y audiovisual que ofrecen programas específicos en la materia, ha contribuido a la popularización de esta aplicación, la cual es la primera puerta de acceso de miles de jóvenes al universo de los efectos visuales. Otros programas más sofisticados como *Nuke*, que se usan en superproducciones de cientos de millones de dólares, también están viviendo un proceso similar, siendo en los últimos años el software que ha ganado un mayor número de adeptos.

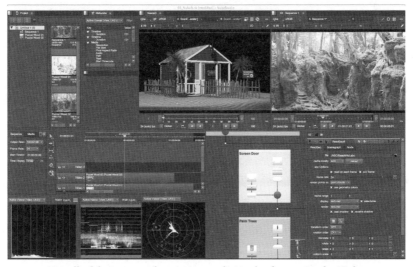

Pantalla del programa de creación y edición de efectos visuales Nuke

El 3D es en sí mismo un campo que trasciende el cine y el medio audiovisual en general. Videojuegos, arquitectura, ingeniería, medicina, ciencia, educación, realidad virtual... sus aplicaciones son casi infinitas y por lo tanto la parte que nos interesa es tan sólo una pequeña fracción de todo su potencial, y aún así hemos visto hasta qué punto es esencial para la actualidad del medio.

De nuevo nos encontramos con un proceso similar al del 2D: la democratización del medio mediante el fácil acceso a las herramientas y una curva de aprendizaje relativamente accesible. Programas como *3DS Max* o *Maya* ofrecen no sólo unas posibilidades de creación asombrosas sino también una versatilidad cuyos resultados están aún por descubrir.

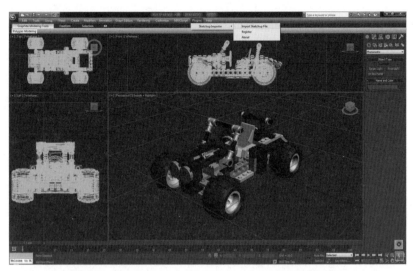

Pantalla del programa de creación y animación 3D 3ds Max

Toda esta transformación del medio ha provocado que cualquier producción, por modesta que sea, puede hoy optar a generar unas imágenes que anteriormente sólo estaba reservada a los mayores presupuestos. Pequeños equipos de efectos visuales de únicamente dos o tres profesionales, pueden realizar prodigios, que si bien distan obviamente de las multimillonarias producciones, sí permiten crear unos efectos realistas que abren la vía a que realizadores noveles o producciones *low cost* se atrevan con toda una variedad de argumentos, personajes y entornos con los que no se hubieran atrevido antes. Siguiendo la máxima de la imaginación al poder, las nuevas posibilidades de los efectos visuales permiten contar casi cualquier historia que un autor pueda imaginar.

El etalonaje y el rol del colorista

El etalonaje o corrección de color es el proceso de alterar y mejorar el color de una imagen en movimiento, imagen de vídeo o imagen fija electrónicamente, fotoquímica o digitalmente. La clasificación del color abarca tanto la corrección de color como la generación de efectos de color artísticos. Ya sea para películas, distribución de vídeo o impresión, la corrección del color generalmente se realiza ahora digitalmente en una suite de colores. El proceso fotográfico anterior de la película, conocido como sincronización de color, se realizaba en un laboratorio cinematográfico.

La difusión de los medios digitales ha permitido, de forma paralela a la explosión de los efectos visuales, que nuevos recursos de etalonaje se hagan más asequibles a cualquier tipo de producción, añadiendo una pátina de espectacularidad y calidad en la apariencia de la imagen que ha definido notablemente el «look» de los films de los últimos años.

Software de corrección de color

Estación de corrección de color

El impacto psicológico que supone en el espectador la modificación de elementos visuales respecto a la cotidianidad, y eso únicamente gracias a las alteraciones de colorimetría, infunde esa característica de sublimación que el cine ha venido utilizando a lo largo de su historia. Y sin duda ahora mismo esas posibilidades se han vuelto infinitas, gracias a las herramientas digitales, y al talento del colorista, el profesional encargado del etalonaje, quién siempre bajo la tutela del director de fotografía y del realizador, podrá utilizar sin limitaciones las cualidades colorimétricas de la imagen para infundir un nuevo elemento dramático en la obra.

El etalonaje es hoy por hoy una de las fases más importantes de la postproducción, y los creadores de la película le conceden una dedicación verdaderamente importante.

Postproducción de cine de animación

Es interesante detenerse momentáneamente para analizar el particular caso del cine de animación. En este caso el montaje se realiza al inicio de la producción y no al final, como sucede con la imagen real. En efecto, siendo la animación un proceso tan lento y costoso, sería impensable que los animadores y los productores dedicaran esfuerzos y dinero en crear tan sólo un fotograma que no vaya a aparecer en la película final. Por lo tanto se necesita un método infalible que permita tener la obra editada, el sonido grabado y las decisiones sobre la narración, el ritmo y el estilo definidas de antemano.
Y para ello se recurre a un pre-montaje, el llamado *animatic* o *storyboard* en movimiento, verdadera biblia audiovisual de la que emanarán los principales elementos que conformarán la futura pieza animada, tales como la estructura, forma y duración de los planos, el enlace narrativo entre ellos en modo de secuencias, y por supuesto, una herramienta

Rodaje de la imagen de referencia para el largometraje de animación *Chico y Rita* (Fernando Trueba P.C., Estudio Mariscal, Magic Light Pictures).

que permitirá al productor definir los costes, las necesidades de equipos y profesionales para la realización del film, así como un estricto calendario con vistas a definir un estricto presupuesto.

El *animatic* viene a ser una verdadera película antes de la película. Un montaje ejecutado a base de imágenes del *storyboard* divididas en capas, fragmentos de otras películas, diálogos, sonido y músicas de referencia. Un verdadero *collage* fílmico cuyo único objetivo es el de determinar con precisión la forma definitiva que tendrá la película animada.

Fotograma de *Chico y Rita* (Fernando Trueba P.C., Estudio Mariscal, Magic Light Pictures)

Finalización de la postproducción

El cierre de la postproducción tiene lugar en el momento en que el director y el productor visualizan la copia final de la película y la dan por concluida. No siempre se trata de un tarea fácil. Al igual que otros procesos complejos de creación, en el cine cuesta enormemente detectar el momento en que la película queda finalizada. Siempre quedan flecos por pulir, elementos que se podrían mejorar o aspectos técnicos que reclaman un afinado. Desde un punto de vista artístico una película siempre parece imperfecta, y desde el punto de vista industrial siempre podría mejorarse para atraer más público.

Tal vez la mayor preocupación es la de cerrar la edición, un proceso que aunque se hayan finalizado las tareas de sonido y postproducción, siempre permanece abierto a la espera que el director y el montador retoquen o alteren su estructura. La obsesión por hallar el corte idóneo es común a muchos cineastas, y muy especialmente a los más noveles, puesto que en definitiva en ese instante se está fijando para siempre la escritura fílmica.

Es importante saber desprenderse de la película a tiempo. Es lógico pensar que un proyecto en el que se ha trabajado intensamente durante años sea difícil de cerrar, sin embargo el cineasta ha de ser capaz de encontrar el instante en que cualquier modificación ya no le aporta nada a la obra, sino que no hace más que modificarla, transformarla y generar nuevas versiones, en un proceso que podría llegar a ser infinito. En su gran libro *Digital Filmmaking* Mike Figgis cuenta cómo el director, agotado, puede dejar en manos del montador las principales decisiones en cuanto a la estructura fílmica, lo cual plantea dos situaciones: por un lado la frialdad con la que el editor observa el material aportan la mirada limpia necesaria para buscar la mejor manera de contar la historia, pero por otro lado éste podría no detectar la toma en la que la interpretación posee un mayor componente dramático.

Este eterno conflicto es una buena muestra de hasta qué punto puede llegar a ser complejo que un cineasta acepte que una película se ha acabado –o se tiene que acabar–, e incluso se han dado casos en que los directores rechazan el hecho de que esta esté finalizada –el caso de Víctor Erice con *El Sur*– o achacan la culpa del cierre a su productor. Aún así la responsabilidad de éste ha de ser la de determinar el momento en el que la construcción del film ya no puede mejorar, por mucho que se siga trabajando en él, y determinar el punto en que se cierra definitivamente la postproducción, sabiendo que aún queda mucho trabajo por delante.

Disco duro o DCP

Trabajos de producción en postproducción

La primera tarea de producción para esta fase consiste en la contratación de los medios y la logística para realizar el montaje. En realidad, esta tarea se habrá planteado y se habrá reservado durante la preproducción. Así, se habrán contratado (o se dispondrá) de una sala de montaje, sala de etalonaje, estación de trabajo para subtitulación, la masterización del audio, etc. Con las salas están incluidos los profesionales que la manejan.

También si estos trabajos se tienen que hacer en otra localidad de la residencia del director, se contará el transporte y su manutención. Tenemos que tener en cuenta que unas instalaciones profesionales nos darán calidad de trabajo, productividad y garantía. Pero, las posibilidades no se acaban en esta opción. Tenemos soluciones de guerrilla, como el uso de sistemas informáticos potentes, pero «domésticos», a precio accesible, los cuales nos permitirán realizar un montaje y un tratamiento de color resultón. Igual que pasaba con las cámaras y el equipo de sonido que había opciones válidas a muy buen precio, en montaje también existen.

➤ **NOTA:** Blackmagic tiene su versión gratuita del programa de etalonaje de color y montaje. Final Cut Pro de Apple o Premiere Pro de Adobe son dos programas de edición que pueden salir bien de precio o como en el caso de Premiere, se puede alquilar por una mensualidad. Y, en cuanto a audio, programas profesionales en versión Lite se consiguen fácilmente gratis con algunas tarjetas de sonido medio-altas que resultan muy baratas. Es verdad que no tendremos las mismas posibilidades técnicas, pero esta es una opción situada en el otro extremo de las salas profesionales (también en precio) que puede funcionar muy bien...

Gestión de derechos. También se tienen que cerrar ciertos flecos. Se tienen que obtener todos los derechos y conservar esa documentación. Hablamos de los derechos de cesión de imagen de cualquier figurante que aparezca, hasta... derechos de músicas, grafismo, guion y adaptaciones, etc. Antes de la comercialización, se deberán tener todos los derechos adquiridos o cedidos.

Registro de la película. Aquí tenemos muy poco que explicar, excepto que es papelo a realizar y muy importante. Se tiene que registrar la película y pedir su clasificación. Sencillamente no os olvidéis de hacerlo.

Mientras la película se está armando en postproducción, vamos a empezar a venderla. Primero revisaremos los puntos fuertes y débiles de la película, que conocemos desde el principio de la producción, y verificaremos que aún existen (...o no). Es decir, ¿tenemos argumentos de venta real para distribuïdores, exhibidores y espectadores?

Además, tenemos que buscar otros motivos que nos sirvan para ampliar los argumentos principales de venta. Empieza el momento de ponernos en modo estrategas, para ello tenemos que conocer algunos conceptos y saber actualizar nuestros datos de la realidad del mercado.

El mercado a día de hoy está formado por diferentes ventanas: salas de cine, plataformas de pago, TV generalistas, *Video On Demand*, DVD, *movies* en sala *on demand*, etc. Y para complicarlo más, los usos y consumos de los productos culturales están cambiando con los dispositivos móviles, tabletas, etc. El mercado está liderado por los EE.UU., el cual ostenta los primeros puestos del ranking de las 20 películas más vistas en prácticamente todo el mundo.

El dinero en las películas se hace a partir de una buena distribución, cuantas más personas estén interesadas en verla, mejor será la aceptación por parte de las exhibidoras (propietarias de la salas de cine), las televisiones y las plataformas.

Para tener una distribución con alguna posibilidad de ser interesante y, con ello queremos decir, estrenar y mantenernos en bastantes salas, la mejor opción (y única) es conseguir que un distribuidor nos incorpore a su catálogo. Consideremos la situación más desfavorable. Somos un diamante en bruto que nadie conoce y que no conocemos a nadie. Vamos, que ni nos van a dejar cruzar la puerta de la distribuidora. Primero hay que entender la posición del distribuidor. Recibe muchas ofertas de productoras con sus «fantásticas» películas, la vuestra es simplemente una más del montón y sin ninguna referencia ni dato objetivo que haga pensar en su éxito. Además, recibe películas extranjeras que sí sabe han funcionado en sus países o en otros mercados similares...

Así, lo primero que tenemos que hacernos es publicidad y eso significa generar ruido. ¿Recordáis la campaña en redes sociales que se proponía desde el principio...? ¿Ha sido exitosa? ¿Tenemos muchos seguidores y son muchos más que el entorno cercano de amigos y familia? ¡Bien! Segundo paso, tenéis que aparecer en los medios. Busca los hechos noticiables de la producción, la temática, el reparto, cómo entrar en las diferentes secciones (excepto la de sucesos). Tienes que conseguir salir en los medios sí o sí, aunque sea por explicar cómo has cumplido el sueño de hacer una película.

Acción de prensa

Y por último lo más difícil, pero efectivo, participar en festivales y salir exitosos. Si ganáis se obtiene el *pack* completo: seguidores, fans, redes, noticias y distribuidores... que mediante ojeadores habrán visto la película. La estrategia es entrar en las secciones oficiales de los festivales, las de competición. Las secciones paralelas, tienen infinitamente menos influencia y..., no nos servirán de mucho. Tener éxito en festivales es conseguir un sello de calidad y además nos generará ruido y expectativas de cara al estreno comercial. Los comentarios favorables en la prensa, se podrán entrecomillar en los pósters, tráilers y demás promociones.

Letrero festival

Porque, conseguir un distribuidor es un objetivo estratégico central. Actualmente, no entrar en la distribución comercial, te envía al circuito alternativo y allí los espectadores siempre serán una minoría. Por desgracia, buenas películas han pasado a ese circuito y nunca sabremos de ellas.

Lo importante, entonces, si has ganado, será aprovechar está promoción para planificar el estreno.

Así, si hemos hecho los deberes en preproducción, habremos calculado cuántos espectadores son necesarios para recuperar el capital invertido. Habremos dimensionado la película a estos costes y podremos proponerle un plan de negocio que sea realista. Porque, una vez más, tienes que entender el punto de vista del distribuidor. A él, nunca le conviene perder en las salas más de lo que pueda recuperar con las ventas en las otras ventanas de exhibición. Así que tienes que ponérselo fácil...

También, si has mantenido los costes bajo control, tienes muy clara la cantidad a amortizar y puedes identificar a tu *target* de espectadores, los cálculos salen... o no. No te preocupes en vender motos en este aspecto, el distribuidor siempre hará sus estimaciones y cálculos. Si todo es positivo, llega el momento de empezar a planificar las últimas fases de nuestro plan de P&A. Seleccionar la fecha de estreno, realizar los actos de promoción como pre-estrenos, empezar a contratar publicidad, negociar salas, etc. Pero todas estas acciones ya las haces de la mano de un distribuidor...

Estrategia de lanzamiento del largometraje

Brevemente, os explicaremos qué se hace en este momento. Se elaborarán los elementos publicitarios, quizás aquí el material de *making of* o fotografía fija nos sirva. Se realiza una campaña de RRPP orientada a los medios para aparecer en ellos (plan de prensa). Objetivo y mensaje: hacer llegar la idea que es uno de esos films que hay que ver. Se realizan las copias, son los DCP's y... no sólo hablamos de la película, también de los pases de los tráilers y de todos aquellos costes que se suman antes de la tirada de copias, como: doblaje, subtitulado, etc. Hablaremos más adelante de estos procesos y trabajos.

Por último, una última reflexión sobre los distribuidores. Algunas veces, quizás apuesten por un producto porque valoran que su potencial de explotación no está en el cine, sino en su comercialización en las otras ventanas. Y más, si piensan que esta película puede llegar a ser un gran clásico.

6

LA DISTRIBUCIÓN

La película finalizada ¿y ahora qué?

Hemos visto que los medios digitales han permitido en gran medida democratizar y hacer accesible a cualquiera la otrora inabordable capacidad de realizar una película.
Hoy en día, con suficiente voluntad, ingenio y energía, cualquier realizador joven puede levantar una producción cinematográfica, lo cual, hasta hace apenas una década era totalmente inconcebible. Los mecanismos de financiación han cambiado, los de producción y

*Sala OCINE, Les Gavarres -Tarragona-

postproducción también, y por lo tanto es lógico esperar que los medios de distribución y explotación de las películas se hayan adaptado también a las nuevas tecnologías.

A menudo para un cineasta novel es difícil determinar con claridad cuál es el mejor método para poder sacar rendimiento a su obra, y aún más si se tiene en cuenta la transformación radical que ha supuesto la llegada de un entorno en el que la creación audiovisual parece ser fruto de espontáneos que no esperan nada a cambio. El mundo de Internet ha generado un alto nivel de confusión y alteración en lo que otrora fuera un mercado altamente codificado y con unos procedimientos muy contrastados para encontrar el público de una película y lograr que ello se convirtiera en beneficios.

*Sala equipada con Dolby ATMOS en OCINE, Les Gavarres -Tarragona-

Gran parte de esos procesos siguen siendo vigentes hoy, aunque sin embargo ya no pueden asegurar no ya el éxito económico del film,sino la mera supervivencia de esa pieza a menudo generada mediante sistemas nuevos de financiación, como en el caso del *crowdfunding*, los cuáles son hoy esenciales para hacer que una producción pueda ser llevada a cabo. En el caso del cine europeo, ayudas públicas, televisiones y preventas son los elementos comunes para que una película exista. Hoy en día sin embargo, Youtube y otras plataformas de distribución *online*, como Youtube, Vimeo, o canales de *streaming* como Netflix o Filmin, han venido a alterar de manera absoluta el panorama de la distribución de obras audiovisuales, y por lo tanto es imprescindible tener en cuenta estos nuevos factores, ya que pueden suponer una verdadera diferencia frente al éxito o al fracaso de la película en sí.

La gran mayoría de las producciones tienen en cuenta hoy –aunque no fuera el caso hasta hace apenas unos años– que para poder generar beneficios con una obra fílmica hay que estar, antes, atento a los distintos métodos de explotación de la misma, ya sea pre-vendiendo la obra a televisiones, asistiendo a los mercados del film para que los potenciales distribuidores la adquieran previo pago de un avance que permitirá que la película sea producida y realizada, o incluso obteniendo unas

subvenciones locales y nacionales para el desarrollo de la industria cinematográfica por crear obras de interés cultural que sean dignas de
recibir tales ayudas.

Por otro lado cualquier producción actual tendrá en cuenta nuevos
medios digitales tales como las redes sociales, para difundir incluso antes de su estreno imágenes relativas a la película y fidelizar así de antemano a un público potencial; el *crowdfunding*, es decir, un método para
financiar películas basado en la aportación económica anticipada por
parte de los fans de la misma, e incluso la participación activa de financieros en el desarrollo de la producción, ofreciendo trabajo, localizaciones u otros medios, en una manera similar a Airbnb para alquileres o
Uber para transportes. Unas nuevas formas de producir que se encuentran en consonancia con las nuevas maneras de relacionarse en un
mundo virtual.

Lo más importante a tener en cuenta es que en estos momentos la
capacidad de difusión de cualquier obra audiovisual es extraordinaria,
ya no únicamente por su facilidad y su coste, como en el caso de las
plataformas gratuitas como Youtube, Vimeo o Dailymotion, sino también por el acceso a plataformas de *streaming* que permitan la explotación comercial de la misma. Este es el caso de Netflix, Filmin, Mubi,
etc... entornos que necesitarán cada vez de más contenidos para ser
rentables, ofreciendo así una ventana única para que los creadores audiovisuales puedan ofrecer sus obras y ser retribuidos con sus visionados.

Pantalla de Netflix

¿Cómo hago para que vean mi película?

Ha llegado el momento. La película está acabada y tiene que encontrar su público. Sin duda este es el momento más intenso de cualquier producción cinematográfica. Por supuesto con anterioridad los responsables de la producción habrán llevado a cabo un gran número de tareas: la financiación a través de pre-ventas a distribuidores y canales de televisión; la presentación del proyecto en festivales y mercados del film; la difusión de noticias relacionadas con la película en medios de comunicación y/o la promoción de la misma a través de redes sociales y medios digitales. Sin embargo el disparo de salida no arranca de verdad hasta que la película está totalmente finalizada y se plantea la pregunta crucial: ¿Cómo hacer que el público la vea? y, por supuesto, ¿cómo lograr sacarle rendimiento a la misma?

El mercado de la explotación cinematográfica se ha alterado completamente en las últimas décadas. Si anteriormente el peso de la visibilidad de un film recaía esencialmente en los distribuidores y en los exhibidores de cine, así como en las productoras que lograban hacer con ellos los mejores negocios para potenciar una obra audiovisual, la llegada de los nuevos medios digitales ha puesto patas arriba este sistema, provocando que en muchos casos una película sea más fácilmente accesible a través de una plataforma de *streaming* como Youtube que por una vía tradicional como una sala de cine.

A este fenómeno ha contribuido en gran medida la nueva demanda de un público que ya no solo quiere esperar a que una película esté disponible en su cine, su barrio, su ciudad o su pueblo, sino que exige poder acceder a ella cuándo y dónde quiera, algo a lo que las nuevas tecnologías de la información han dado una respuesta efectiva, permitiendo que plataformas como Netflix o Filmin ofrezcan a sus usuarios los títulos que estos deseen en cualquier momento.

Y aún así el mercado tradicional de las salas de cine no ha muerto, muy al contrario. Si bien es cierto que la mayoría de ellas han ido desapareciendo, y eso ya desde los años noventa –aquellas maravillosas salas de más de mil butacas con dos pisos, cortinas frente a la pantalla y a menudo espectaculares decoraciones *art déco*– , no deja de ser menos cierto que una nueva generación de multicines con gran número de pantallas, proyectores digitales HD y sonido de envolvente *surround* de máxima calidad, así como butacas de extremo confort, han encontrado su lugar entre un mercado en un ya largo proceso de transformación.

No hay que pensar por lo tanto en términos de sustitución sino más bien en una suerte de convivencia: hoy el espectador que desea ver una película puede optar por un gran número de opciones –la sala de cine, el DVD o Blu-Ray, la plataforma *online*– lo cual cambia de forma muy contundente aquel mercado geográfico y temporal (una división basada en los países y las fechas de estreno) al que se estaba habituado hasta no hace tanto tiempo. Si el público puede elegir libremente el momento en que quiere ver la obra, ¿cómo podemos mantener un sistema basado en los estrenos tradicionales? La respuesta sin duda se encuentra en el hecho de que cada perfil de espectador busca una experiencia distinta en un momento determinado. Tanto podemos querer ver un film o una serie por Netflix, como decidir ir a verla en la mejor pantalla de nuestra ciudad con un grupo de amigos o en familia. Los recientes datos de la explotación cinematográfica nos han demostrado que un medio no anula al otro, sino que todos ellos siguen conviviendo y adaptándose a su nuevo lugar en el mapa de la economía audiovisual.

Y así, ¿cuál es la mejor manera para que una película sea visible? Sin duda la promoción continua, empezada desde el día uno de la producción es la llave. Que hablen de la película, que conozcan su desarrollo, que el público pueda ver *teasers*, *trailers* y clips del rodaje, que se involucren, en la medida de lo posible, dentro de la evolución del proyecto... Estas medidas esenciales han sido durante años el campo de trabajo de grupos y empresas de comunicación que, mano a mano con los productores, se dedicaban a difundir los datos, las noticias y las historias de una película para generar un deseo anticipatorio en el público, el cual se traducía una vez llegado el momento del estreno en la venta de tickets y posteriormente el alquiler de cintas de vídeo o DVD's.

Aunque estos procesos, que incluyen también la promoción en medios como la prensa, la radio, la televisión, y por supuesto, Internet, siguen perfectamente vigentes hoy en día, hay que remarcar que una producción *low cost* puede utilizar únicamente la Red para darse a conocer, y eso sin apenas costes añadidos. Lo verdaderamente importante es generar el máximo ruido posible, ya sea a través de redes sociales, plataformas de *streaming* o fanzines especializados en la materia, no hay que dejar ni un instante de llamar la atención del público pues, como veremos más adelante, estrenar hoy una película es menos difícil que anteriormente, pero incluso así, si la obra no encuentra a su público el esfuerzo habrá sido en vano.

Los festivales

En el mundo existen innumerables festivales de cine, muchos de los cuales pueden presumir de ser unas verdaderas ventanas tanto para la difusión de obras cinematográficas, como para poner en contacto autores y productores de películas con sus potenciales compradores. El mundo del festival de cine es un entorno natural para el cineasta novel. En él aprenderá tanto o más que la escuela o el rodaje.

En los festivales se habla, se habla mucho; se presentan multitud de películas, se generan intercambios, contactos, colaboraciones; se hacen debates, mesas redondas, ruedas de prensa. Todo ese universo de festival, condensado en unos pocos días o semanas en un espacio relativamente limitado, puede atraer muchos beneficios para el cineasta.

Vender su película, por supuesto, como veremos en un punto posterior, pero también llamar la atención de algún productor o alguna compañía, o incluso de algún actor, que puedan ofrecerle otro proyecto. Sin duda el mejor lugar para hacer *networking* en el mundo del cine es un festival, con sus conferencias, sus cafeterías, sus *afterworks* y sus fiestas.

Por otro lado, el paso de una película por la selección oficial, la paralela, la alternativa o la reprogramación, sea cual sea, generará algún tipo de «literatura», de crítica, que ayudará a difundir mejor la obra. Como decíamos previamente, toda manifestación, indicación o reseña de un film es positivo para ayudar en la promoción del mismo.

Finalmente, y sin ser menospreciable, varios festivales ofrecen competiciones que se premian con una aportación en metálico –especialmente algunas categorías como por ejemplo el cine documental– lo cual puede ayudar al equipo de la película y sus productores a recuperar parte del capital invertido en la realización de la misma, o a obtener fondos para seguir adelante con la campaña de promoción.

Festival de cine de Sitges

Existen festivales de todo tipo: grandes y pequeños, famosos y desconocidos, nobles e infames, generalistas o temáticos, internacionales, nacionales, regionales y locales. Es fácil perderse entre tanta selección, y esa pérdida puede acarrear errores, como por ejemplo perder tiempo y dinero en inscribir una película en un festival que no reportará ninguna visibilidad. En ese sentido es bueno dejarse aconsejar por algún productor experimentado, el cual sabrá determinar, según la película que se haya realizado, cuáles son las mejores opciones para ella, la mejores teclas que hay que tocar.

Es interesante apuntar que existe un número de cineastas que son «carne de festival», es decir, que viven esencialmente dentro de ese universo sin que realmente sus películas vean nunca la luz del mundo exterior (o en todo caso que el público no vea nunca la luz que emiten sus películas). Se les encuentra en general viviendo el ciclo de los festivales y pueden ser de cualquier índole –cine de autor, cine indie, animación, documental, etc...– siendo su principal objetivo encontrar más financiación para realizar otra película y mantenerse vivos dentro del «circuito» de los festivales, logrando así el prodigio de generar toda una filmografía sólo visible a los ojos de jueces y público festivalero.

En cualquier caso un festival, por su capacidad de poner films y público en consonancia, artistas, profesionales y espectadores, es ante todo un lugar que genera experiencias vitales. En su fascinante libro-diario *Sélection officielle* Thierry Frémaux, director del festival de Cannes, repasa con inteligencia y humor los últimos años del mismo, así como las anécdotas, los personajes, los encuentros y, en suma, la esencia que emana del más grande de los festivales de cine.

Los mercados del film

A menudo en paralelo a los festivales tienen lugar los mercados del film, siendo estos lugares en los que los miembros de la industria cinematográfica a menudo tienen un importante aporte de programación, y los patrocinadores corporativos tienen la oportunidad de promover su marca a las audiencias del festival a cambio de contribuciones en efectivo. En principio, la función principal de un mercado del film es por supuesto la de poner en contacto a productores que ofrecen sus obras y distribuidores o medios que buscan las mejores ofertas para sus canales.

Como cualquier otro, un mercado del film utiliza las estrategias propias de una feria para promocionar sus productos y ponerlos en la línea de mira de los compradores potenciales. Las estrategias pueden variar desde la promoción de una película mediante materiales «clásicos» tales como dossiers de prensa, fotografías, pósters, banderolas u otros elementos gráficos, hasta la organización de fiestas o eventos que se desarrollan durante el festival para generar el «*buzz*», el famoso rumor que puede desencadenar el éxito de la producción.

En los mercados no solamente se venden películas acabadas, sino que también es el lugar idóneo para promocionar un proyecto en marcha y conseguir financiación para llevarlo a cabo. Los posibles compradores, inversores o medios estarán atentos a los tráilers, guiones y diferentes propuestas que se les presenten, por lo que es extremadamente importante trabajar intensamente en las presentaciones de los proyectos, de forma que estos sean lo más atractivos posibles. En ese entorno se generarán encuentros, comentarios y asociaciones que pueden ser de vital importancia para el transcurso posterior del proyecto. Un distribuidor podría estar interesado en comprar un paquete de películas por lo que varios productores pueden llegar a unirse para ofrecerle una propuesta en ese sentido.

Finalmente, y aunque algo alejado del formato convencional del mercado o del festival, existen los programas piloto para desarrollar proyectos. A menudo estos son incentivados por instituciones, como en el caso del programa PILOTS y MEDIA de la UE. El paso por uno de estos programas, mentorizados por profesionales del medio, suele acabar generalmente en un mercado del film con el doble objetivo de asegurar la financiación para llevarlo a cabo, y encontrar un comprador (o varios) para conseguir que la película sea distribuida.

Los distribuidores y las empresas de distribución

Tradicionalmente el distribuidor ha sido el profesional o la sociedad encargada de adquirir los derechos de una película y explotarla económicamente con los exhibidores, las compañías de vídeo, los canales de TV y los medios en general. Este trabajo, como hemos comentado anteriormente, es de vital importancia para la estructura financiera de la producción cinematográfica, puesto que no solamente presenta la principal fuente de ingresos que una productora va a recibir, sino que además determina en general la posibilidad de llevar adelante o no esa misma producción, ya que los distribuidores compran por anticipado el proyecto que les interesa –el proceso llamado pre-compra–, permitiendo así levantar el capital necesario que le puede servir para proceder con el mismo.

Los distribuidores actúan *de facto* como coproductores de una película, ya que sin su inversión sería inviable el desarrollo de la misma. A menudo la visión, el olfato y la personalidad de un distribuidor ha permitido que se popularicen géneros poco conocidos anteriormente. Es el caso del cine latinoamericano en España que llegó en gran parte de la mano del desaparecido Antoni Llorens de Lauren Films, o el fantástico asiático con Julio González de Filmax, o aún el cine iraní, el indie norteamericano o el nuevo cine europeo con Enrique González Macho y Alta Films.

Todos ellos fueron visionarios en el sentido de aportar una novedad a la oferta cinematográfica que existía en cierto momento. Incansables buscadores de oportunidades, son casi siempre también productores y/o propietarios de sus propios cines –los cines Lauren de Llorens o los Renoir de González Macho– y pueden llegar a ser vitales para el desarrollo de coproducciones entre países, la potenciación de la industria a nivel político y legislativo o la promoción de jóvenes talentos. El caso de González Macho, que fue presidente de la Academia del cine español y socio promotor del portal de distribución *online* Filmin, ofrece un claro ejemplo de hasta qué punto estos profesionales son esenciales para la vida del cine.

Catálogo de películas en DVD

El distribuidor no se limitará únicamente a comprar derechos de explotación sobre el territorio geográfico –o en el caso de las multinacionales, como por ejemplo Disney, sobre un conjunto de países– o a financiar la producción mediante las precompras, adquisición de derechos o los avances de taquilla, sino que se encargará también de crear un exhaustivo plan de medios para promocionar la misma. Carteles, tráilers, publicidad en prensa, en medios o en el entorno urbano, entrevistas y presencia en festivales, premios o TV, incluso métodos más novedosos, como el caso del *transmedia*, para lograr un único objetivo: que la película sea un éxito de taquilla, que la anticipación por su estreno sea un verdadero acontecimiento, y que, ya durante su vida comercial, el boca a oreja funcione de la mejor manera posible y el interés del público por la misma se siga manteniendo e intensificando. Un factor importante en esta etapa será la crítica especializada, una relación no siempre fácil entre los periodistas y los cineastas, pero que se muestra efectiva con el sector del público más fiel al medio.

Es por lo tanto altamente importante establecer contactos con los potenciales distribuidores en los momentos iniciales de la producción. Casi siempre esa relación arrancará durante un festival o un mercado del film, y se irá desarrollando a lo largo de la misma, con el distribuidor solicitando materiales tales como imágenes, vídeos, entrevistas, etc... y sugiriendo la presencia en tal o tal festival, medios o redes sociales.

Si la relación es buena y el resultado de la colaboración satisfactoria, es muy probable que el distribuidor y el cineasta sigan colaborando juntos durante muchos años, en la búsqueda común de éxito y beneficios.

El marketing y la promoción

Cómo ya dijimos en un capítulo anterior, la promoción de una película arranca desde el mismo momento que arranca su preproducción. En ese sentido es bueno determinar lo antes posible quiénes serán los profesionales y las empresas que se ocuparán del marketing de la misma durante su desarrollo, y muy especialmente en el momento previo al estreno.

Como siempre hay que tener en cuenta que el trabajo de publicidad y marketing cuesta dinero, y que del presupuesto que dispongamos para ello dependerá en gran medida la posibilidad de llevar adelante una campaña exitosa. Está claro que existen ciertos proyectos llamados *sleepers* que aún contando con presupuestos muy bajos para su realización, como en el caso de *Paranormal Activity*, logran unas cifras récord en la taquilla, convirtiéndose así en producciones extremadamente rentables. Sin embargo hay que darse cuenta que aunque la obra no tenga casi presupuesto para su realización, una vez se detecta su buena recepción por parte del público de forma temprana, es más que probable que una productora o un distribuidor inviertan una buena cantidad en su promoción, cantidad que podría ser muy superior al propio presupuesto del film, y en algunos casos incluso quintuplicarlo.

Pero aunque un cineasta crea que está haciendo la obra más notable y popular de todos los tiempos, es de vital importancia preparar una buena campaña de marketing, adaptada a los medios económicos disponibles, con vistas a promocionar la película lo mejor posible.

Esa campaña arrancará de forma casi segura contactando con un agente de prensa, el cual sabrá qué medios son los más idóneos para arrancar la comunicación de esa película en concreto. Con la aproximación del estreno buscará la publicación de artículos, entrevistas y fotos en canales especializados que sean lo más afines posibles con el *target* potencial de la obra.

Otros medios tradicionales serían el o los carteles de la película, así como todo el material gráfico relacionado –fotos promocionales o fotogramas, aplicaciones gráficas basadas en la imagen de la película–, así como un dosier de prensa completo que incluya todo los datos relacionados con el film –descripción, sinopsis, ficha técnica y artística, datos y fotos– pensado especialmente para los festivales y los mercados del film. Otros materiales gráficos posibles incluyen banderolas, vallas, publicidad en vehículos tales como autobuses o metros, tarjetones, *flyers*, panfletos, etc…

Valla publicitaria anunciando el cartel de una película.

Algunos de estos formatos son especialmente adecuados para los festivales, donde productores y distribuidores tratarán de organizar eventos y fiestas para dar a conocer el proyecto, casi siempre con la presencia del equipo artístico de la película, principalmente el director y los actores, y dejarán esas aplicaciones gráficas como recordatorio o, incluso, como método para influenciar a los jurados.

Camisetas, gorras, pins u otros piezas propias del *merchandising* pueden ser adecuadas para presentar al equipo durante los reportajes y el *making of* que se realiza durante la producción. Así, llegado el momento de mostrar esas piezas en televisión, la imagen relativa a la producción se hace mucho más sólida, con la presencia por ejemplo del logotipo del título, un factor importante para que el público mantenga la película en la memoria.

Sin duda una de las piezas fundamentales para cualquier obra cinematográfica es su tráiler, o diferentes tráilers o las piezas aún más cortas y sugerentes, los llamados *teasers*. Los tráilers son una edición de entre uno y tres minutos de duración, en regla general, de planos y secuencias de la película, cuyo objetivo es el de seducir y atraer al espectador, contando pero sin explicar y mostrando sin revelar. Algunos tráilers son verdaderas obras de arte en sí mismo, dignas de estudio, y en industrias muy desarrolladas como la de Hollywood, los profesionales que se dedican a crear tráilers no hacen otra cosa.

No hay una regla estricta en cuanto al número de tráilers que se pueden hacer en una producción. Lo más convencional es que haya uno solo, y tal vez un *teaser* previo. Pero es cierto que los distribuidores pueden solicitar la creación de otros tráilers en función de los gustos de cada público. Por ejemplo, un distribuidor podría querer hacer un tráiler específico para el mercado asiático, juzgando que algunos factores culturales generan preferencias por versiones alternativas.

Otros formatos audiovisuales ligados a la producción serán los mencionados clips y reportajes filmados durante el rodaje. Estos pueden incluir entrevistas con los actores o los cineastas, mostrar momentos de la filmación y también partes o la totalidad del tráiler, siempre que esté finalizado.

Hoy en día las redes sociales tales como Facebook, Twitter, Instagram, etc... son parte esencial de la promoción de la producción, y a su actividad tradicional de presentación de fotos, imágenes, textos, etc... el *community manager* podrá organizar, junto al productor, la presentación en directo de momentos del rodaje, algo que se puede anticipar a través de la propia red para generar la presencia, en el día y la hora previstas, de un gran número de visitantes virtuales. Gracias a las nuevas herramientas propuestas por las redes, se puede incluso establecer un chat en la que los usuarios pregunten en directo a los responsables por aspectos de la realización del film. Este tipo de acciones son especialmente adecuadas si la película se ha producido mediante *crowdfunding*, ya que todos los participantes del mismo tenderán a estar muy pendientes del desarrollo de su producción.

Las redes han aportado por supuesto un gran número de nuevos modos de promocionar el cine, ya sea a través de comentarios o imágenes posteadas en directo, lo cual transmite al público una clara sensación de estar conectado con los acontecimientos relativos a la producción, o bien ofreciendo, una vez la película terminada, entrevistas e informaciones sobre las mismas. Por supuesto toda esta actividad se desarrolla en paralelo a la presencia en televisión, radio y medios generalistas, pero está claro que los medios *online* ofrecen un entorno más asequible y mucho más controlable que los tradicionales, por lo que cualquier productor tratará de exprimirlos para sacarles el máximo rendimiento.

Por otro lado Internet ha traído también nuevas maneras de promocionar tales como el *transmedia*, un tipo de manera de contar historias a través de múltiples plataformas tales como pantallas, libros, videojuegos o incluso con acciones que se llevan a cabo en el entorno urbano. Por ejemplo para promocionar *El Caballero Oscuro* de Christopher Nolan se creó una campaña de marketing viral titulada *Why so serious?* en la que cartas con la imagen de un Joker eran dejadas al azar por las ciudades, invitando al espectador a descubrir progresivamente aspectos relacionados con la película a través de Internet.

La campaña de marketing de la producción no se detendrá hasta el final de la potencial vida comercial de la misma, e incluso así los esfuerzos seguirán con promociones en otros países, reediciones, nuevos lanzamientos y presencia en los medios.

La distribución *online,* el cine en la era de Internet

La distribución, al igual que el resto de las etapas en la creación de una película, ha vivido una transformación radical con la digitalización del medio aunque podríamos decir, si cabe, que ésta ha sido aún más brutal que en las demás. En efecto, la base del negocio de la distribución y la exhibición se encontraba en el manejo de copias físicas de las películas, las cuales por consiguiente eran limitadas –debido a su elevado coste– y se podían manejar fácilmente dentro de los mercados geográficos que establecían los contratos.

La primera transformación notable que ha aportado la digitalización a esas copias es la posibilidad de crear otras copias de forma mucho más barata y poderlas transportar de forma más fácil, incluso a través de la Red, dejando atrás aquella labor propia de los proyeccionistas que empalmaban las diferentes bobinas de celuloide que les llegaban dentro de latas metálicas, y que a menudo eran propensas al deterioro durante su vida útil.

El DCP –*Digital Cinema Package*– es un formato de almacenaje y transmisión de cine digital de alta calidad, que se ha convertido en los últimos años en el nuevo estándar para la proyección fílmica. Esto ha provocado también que la mayoría de salas de cine se vayan pasando también al mundo digital, con modernos aunque costosos proyectores digitales de alta definición, un fenómeno que no ha sido ajeno a los numerosos cierres de salas antiguas que no han sabido adaptarse a un nuevo mercado.

Sin embargo, el cambio más contundente para el sistema tradicional de explotación fílmica ha sido la capacidad de transmitir *online* los contenidos audiovisuales, ya sea mediante la descarga de un archivo almacenado en un servidor remoto como en *streaming*, es decir reproduciendo la película en al instante como sucede por ejemplo en Youtube.

Esta tecnología ha puesto patas arriba un negocio que se basaba en el alquiler de la película para un núme-

El cine en una pantalla de ordenador

ro determinado de pases en un territorio geográfico concreto. Al igual que cualquier otro mercado, los precios se fijaban en función de la ley de oferta y demanda, siendo así las películas más populares más caras que las otras. ¿Pero qué hacer en el momento que cualquier espectador puede acceder individualmente al contenido, libre de ataduras de lugar y horarios?

La industria discográfica ya vivió una situación análoga con el derrumbe del formato físico de reproducción musical, el CD, y cómo no, trató en vano de frenar las primeras iniciativas que permitían al público acceder libremente a los contenidos como en el caso de Napster. Tras dos décadas de luchas legales parece claro que hoy en día ya no se frenará la expansión de plataformas como Spotify, que cuenta con millones de usuarios, ya que no solamente ha permitido un acceso más libre y global a la música, sino que se han encontrado los acuerdos para generar beneficios a los productores musicales –uno de los miedos continuos que tienen las industrias creativas que trabajan con propiedad intelectual–, y establecer así un retorno justo a los autores. La digitalización ha supuesto una necesaria transformación de esa industria, pero de paso ha abierto nuevas vías, más simples y «democráticas», para que los músicos puedan darse a conocer ofreciendo su música *online*, y si tienen éxito cobrar dividendos de Spotify o Youtube.

Si bien tendemos a pensar que la industria audiovisual puede vivir un camino similar al de la música, debemos tener en cuenta que los costes que se manejan no son los mismos, por lo que es improbable pensar en una producción, por muy *low cost* que sea, realizada exclusivamente con el objetivo de subirla a Youtube para que sus autores se den a conocer y/o generar una monetización a través de la inclusión de publicidad en las reproducciones. Hay que mencionar que dado el abaratamiento de las producciones, sí existen ciertos proyectos que se explotan únicamente de esta forma, pero por lo general son de muy baja calidad y no logran tener una repercusión notable.

Aunque una película acabe llegando a Youtube, con el objetivo o no de producir beneficios a través de esa plataforma, lo cierto es que los productores no deben cesar en el empeño de promocionarla por todas las vías posibles, tal y como hemos comentado anteriormente. Festivales, mercados, televisiones... hay que picar piedra continuamente si queremos que el proyecto brille verdaderamente. Por otro lado, como bien nos ilustra Gabriel Jaraba en su libro *Youtuber* el formato ideal para la creación de contenidos exitosos en esa plataforma es más corto y dinámico, una edición muy fragmentada y un personaje principal omnipresente. Nos alejamos por lo tanto del cine más convencional. Es cierto sin embargo que se trata del canal más visto del planeta y propiedad de Google, también se ofrece como videoclub *online* en el que se pueden alquilar las películas para ser vistas tanto en ordenador, TV digital o dispositivos móviles.

Otras plataformas de difusión *online* como es por ejemplo el caso de Filmin, ofrecen catálogos a medida para seducir al espectador, el cual paga un bono mensual o anual dándole derecho a visualizar tantos títulos como quiera. Es esencial para ello que estas webs propongan unos formatos adaptables a todo tipo de pantalla, con el objetivo de llegar al *target* más cómodo con estas herramientas, los hoy llamados *millenial*, puesto que estos son su público potencial. Como hemos visto a menudo una película llega a Filmin como una etapa más en su vida comercial, sin rechazar la sala de cine, el DVD o la televisión. Aún así, la capacidad progresiva de la red de ofrecer contenidos de muy alta calidad, en formato HD o 4K, nos hace ver claro que hoy es imposible plantearse la explotación de una obra audiovisual sin pasar por ella.

Los distribuidores *online* ponen a disposición de los internautas tanto películas, como documentales, series, conciertos, films educativos... El espectador que busque cualquier película la puede encontrar fácilmente en una u otra plataforma –o la podrá encontrar muy pronto– y eso le permite además familiarizarse con esa página concretamente, la cual le ofrecerá otros contenidos afines con el objetivo de fidelizarlo.

Filmin, Netflix, Mubi, Youtube... los nuevos cines de la era digital ganan más adeptos cada día por lo que es absolutamente necesario contar con ellos para la difusión de una película ya que, como veremos en el capítulo siguiente, un número de ellos se están convirtiendo en productores, como sucedía anteriormente con los distribuidores, y serán con toda probabilidad los principales promotores de series y largometrajes del siglo XXI.

Hacia un nuevo modelo de distribución de cine digital

La irrupción de Netflix, otrora un gran videoclub de alquiler por correo, en medio del panorama del audiovisual digital, convertidos en un super gigante de la distribución multipantallas –televisión digital, ordenador, tableta, móvil– mediante una modesta suscripción mensual, escalable en función de las necesidades del espectador y ofreciendo una multitud de ventajas, buena calidad de imagen y sonido, y por encima de todo un excelente catálogo que crece día a día –nótese que por cuestiones legales su catálogo norteamericano es obviamente mucho mayor–, no dejaba presagiar el siguiente paso que iban a dar: meterse a producir sus propios contenidos.

La compañía invierte mil millones de dólares cada año en producción propia y ha generado series cómo *Narcos* o *Daredevil*. También se han lanzado a producir en otros países en los que ha desembarcado su plataforma. Es el caso de España en donde ha financiado la serie *Las chicas del cable* de Ramón Campos. También producen largometrajes, documentales y proyectos de animación, y su perspectiva de crecimiento para la próxima década es verdaderamente asombrosa.

Series de televisión

Producir y distribuir en su propio canal no es ninguna novedad. Hollywood en sus inicios hacía exactamente lo mismo, distribuyendo exclusivamente sus producciones en las cadenas de cines propias. Sin embargo el universo de Internet es totalmente otra cosa. Hoy las películas son accesibles en cualquier instante y lugar. Un espectador puede ver quince minutos de la misma en su móvil yendo en metro por la mañana, media hora más en la pantalla de su ordenador en la pausa del almuerzo, otros quince minutos en el metro de vuelta y la media hora final en la TV de su hogar por la noche. La manera que tenemos hoy de consumir cine se ha transformado completamente. Y en gran medida la popularización de las series viene incentivada por estos nuevos hábitos.

Éxitos como el de Netflix provienen sobre todo de haber entendido a tiempo esta metamorfosis del medio y haber sabido aprovecharla. Ahí donde las productoras tradicionales se aferraron en defender el modelo tradicional de creación y explotación, llevándolas masivamente a un fracaso incentivado por la grave crisis económica global, los nuevos jugadores tales como Amazon, Youtube, Orange, o los grandes canales de cable tales como HBO, SyFy, Showtime o Mediaset, y muy pronto también Movistar, han sabido posicionarse brillantemente y llevarse el grueso de los beneficios.

Si hace un par de décadas la industria se lamentaba de que el público ya no consumía cine, hoy se puede afirmar sin temor a dudas que en estos momentos se ven más series y películas que nunca en la historia del audiovisual. Lo que ha cambiado de forma dramática es la manera de verlas y, por supuesto, quiénes las producen.

Cualquier productor se plantea hoy una financiación que pueda llegar a través de los nuevos distribuidores digitales, ya sea pre vendiendo a Filmin, coproduciendo con Netflix o buscando a un gestor de canal que administre sus contenidos en Youtube. El cine se ha hecho digital en todos sus aspectos.

La piratería y la legislación

Una de las grandes preocupaciones surgidas con la digitalización del medio, y una potencial causa de la pérdida de miles de millones en beneficios cada año, ha sido el auge de la piratería. Por ella se entiende el consumo fraudulento de obras audiovisuales sin pagar un céntimo, a través de webs ilegales que usurpan los contenidos sin respetar los derechos de autor pero obteniendo cuantiosos beneficios mediante la inclusión de publicidad o páginas web promocionales.

En los últimos años la prensa se ha llenado de casos relativos a responsables de dichas webs siendo detenidos, juzgados y encarcelados por sus delitos, páginas clausuradas y nuevas leyes de protección de contenidos digitales siendo redactadas por la mayoría de los gobiernos. Sin embargo es importante matizar algunos de los elementos relativos a este fenómeno grande y complejo, que no parece que se vaya a solucionar de forma inmediata.

Hay que mencionar ante todo que uno de los mayores entornos de distribución ilícita de contenidos es el mayor buscador del mundo, Google, y su plataforma de vídeo *online*, Youtube. Según sus responsables, no es por una voluntad de usurpar las obras a sus autores legítimos, sino porque es imposible controlar el movimiento de miles de millones de usuarios que cada día postean, intercambian o buscan contenidos multimedia. Google ha establecido métodos para frenar la publicación de estos archivos, y eso incluye la retirada de los mis-

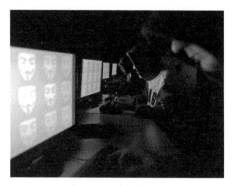

Piratería en Internet

mos, la cancelación de las cuentas de estos usuarios, y en algunos casos extremos la persecución legal de los mismos en los tribunales.

Pero si uno busca largometrajes en Youtube verá que estos son innumerables. Está claro que si no se dispone de tiempo y dinero es muy difícil rastrear las películas que se divulgan de manera fraudulenta. Las grandes majors de Hollywood usan a muchos profesionales para detectar sus producciones en las distintas redes y poner en marcha reclamaciones contra las mismas, pero obviamente las productoras más modestas no pueden hacer lo propio. Google desarrolla herramientas de inteligencia artificial para localizar mediante robots esos contenidos y eliminarlos automáticamente, algo que se ha logrado de forma adecuada con la música, pero que aún es difícil de realizar con la imagen, más si los usuarios la transforman mediante artimañas como el enmascaramiento, el tinte o el reencuadre de la imagen.

Y de hecho los piratas no suelen retroceder ante nada para obtener fuertes beneficios de este mercado subterráneo pero muy lucrativo, a menudo llevado a cabo por mafias organizadas: filmación clandestina en las salas, usurpación de másters audiovisuales de los laboratorios o de copias destinadas a festivales y premios, registro de la imagen y el sonido desde la televisión mediante grabadores multimedia, etc...

Las películas y series son subidas a servidores ubicados en países con una legislación muy laxa, y presentadas en webs en algunos casos realmente profesionales y con todo lujo de detalles –cartel, ficha técnica, sinopsis, críticas...–, todo para atraer a millones de usuarios que generarán beneficios al clicar, voluntaria o involuntariamente, en los distintos anuncios y *banners* que los *webmasters* ubican en la misma.

Hay que notar que desde hace años este problema trae de cráneo a los responsables políticos de la cultura y la industria, y que para ello se han ido desarrollando leyes que endurezcan las penas contra los piratas o permitan a los jueces cerrar los sitios web y detener a sus responsables. Pero aquí de nuevo la disrupción que presenta el nuevo entorno digital supera la capacidad de las viejas instituciones. En efecto, una ley puede tardar años en redactarse, meses en implementarse, y un juez tardará tal vez semanas en dictar una orden de cierre, la contraposición es que un servidor pirata con decenas de miles de títulos en su interior puede clausurarse, clonarse, moverse a otro país y volver a darse de alta con otro nombre y otra dirección en menos de veinticuatro horas. He aquí la muestra de por qué la solución al problema de la piratería debe venir por varios caminos. Por un lado obviamente en el terreno político y legal, leyes más firmes y modos más rápidos de actuación. Por otro mediante el incentivo de consumir cine de forma legal y asequible –por fin, tras años de quejas, el IVA cultural bajará al 10%, una reclamación que las industrias culturales llevaban años reclamando–, ofreciendo planes especiales como por ejemplo el día del cine, y defendiendo la cultura desde la temprana edad, vía la pedagogía, un modelo en el que Francia brilla. Y finalmente dejando de frenar la expansión de los modelos de distribución digital que durante años fueron vistos como unos usurpadores que venían a aprovecharse del pastel. Si hoy en día se consume más cine que nunca, es necesario encontrar el modo de canalizar esta demanda, de forma legal y asequible, para poder seguir generando nuevos productos y solidificar una industria en pleno proceso de cambio.

Comercio y nuevos medios audiovisuales

La crisis que vive, o vivía según se mire, la industria del cine, es casi tan antigua como la llegada de la televisión. Claro que esta se ha ido agravando con el tiempo, y muy especialmente con la crisis económica mundial. Sin embargo la llegada de Internet ha ido paulatinamente transformando el modelo de negocio como hemos visto anteriormente. Hoy nos encontramos ante un nuevo panorama que requiere la adaptación del modelo a los nuevos medios digitales, no ya meramente por una cuestión de obtener beneficios mediante la explotación de las obras audiovisuales, sino principalmente para asegurar la supervivencia de la industria en su transformación digital.

El modelo convencional consiste en invertir un capital para la realización de una película, promocionarla y venderla a un distribuidor, el cual la alquila a los exhibidores que la explotan diariamente en las salas. De sus beneficios el distribuidor paga dividendos y royalties a la productora, los cuales son más cuantiosos cuanto más público vea la película. El primer objetivo es recuperar la inversión y el segundo lograr beneficios netos una vez cubiertos los gastos generados por la propia explotación de la obra. Seguidamente el proceso se repite con el distribuidor de vídeo, cuyo objetivo es obtener dividendos de la venta y alquiler del film en DVD o en su versión de alta definición, el Blu-Ray. Finalmente el distribuidor de televisión también puede pagar por el derecho de emisión de la misma en su canal, en caso de que no hay realizado una pre-compra de la misma o una coproducción.

La televisión es un caso especial, si se trata de un canal público, ya que con el objetivo de incentivar la cultura y la cinematografía nacional, las autoridades gubernamentales pueden establecer una vía de financiación que implique a esos canales a precomprar ciertas obras de interés cultural, las cuales casi siempre habrán recibido también unas subvenciones gestionadas por el ministerio de Cultura, o incluso ayudas regionales y locales con el mismo propósito. Las televisiones públicas por lo tanto suelen ser esenciales para la viabilidad de proyectos que potencialmente no sean éxitos de taquilla pero tengan un elevado interés en sus aspectos creativos y culturales.

Los nuevos medios tales como Netflix, Filmin o Youtube, sin embargo, forman parte del nuevo ecosistema de la economía digital. Eso es un entorno en que la monetización se hace más extraña y difusa. ¿Acaso pagamos por usar Google, Facebook o Wikipedia? ¿Qué sucede con Whatsapp, Instagram o Youtube?

Sin querer entrar en un debate complejo, en el que algunos no dejarán de advertirnos sobre el hecho de que indirectamente «trabajamos» para todas estas plataformas, puesto que generamos gratuitamente todo tipo de contenidos que son vistos cada día por millones de espectadores, es importante notar que la generación de los *millenials* –y los posteriores, llamados la generación *touch*–, potencialmente los mayores consumidores de ocio e información en la actualidad, están acostumbrados a hacerlo gratis.

¿Quiere eso decir que no hay que pagar por ver una película? Tal vez esa no sea la respuesta correcta, pero en todo caso hay que matizar que las nuevas formas pueden cambiar notablemente el modo tradicional en que se pagaba una entrada por entrar en la sala o alquilar un DVD. Netflix funciona mediante un abono mensual. Youtube hace pagar menos de tres euros por ver el film, y en el caso de los contenidos gratuitos, paga dividendos a sus responsables por número de visionados, mediante la inclusión de publicidad selectiva y geolocalizada que les reporta beneficios. Ambos modelos son diferentes aunque perfectamente válidos. Una de las riquezas de Facebook o Google es su enorme número de usuarios, y también los datos que estos generan. Aunque no exista ninguna relación directa a nivel económico entre la plataforma y el usuario, la primera suele «vender» los datos del segundo a cambio de réditos, y eso a anunciantes e intereses particulares que poseen un retrato robot exhaustivo –a través del ya famoso *big data*– de la persona. Esta riqueza aún poco conocida ha atraído miles de millones por parte de inversores que ven en ella el futuro potencial de nuestra sociedad digital. Se altera el modelo convencional del pagar por consumir para establecer un nuevo paradigma: el consumidor que obtiene de todo de forma prácticamente gratuita y a cambio transmite un valor esencial, la información sobre sí mismo, sus gustos y movimientos, deseos y anhelos. El verdadero sueño de cualquier publicista, empres o corporación.

Sin ir más lejos, la televisión digital interactiva permite hoy obtener numerosas informaciones sobre el contenido de la imagen, e incluso, interactuar con ella. Por ejemplo clicando en los escenarios se puede disparar una aplicación que permite obtener información del lugar e incluso reservar un viaje en la misma. Se pueden adquirir todo tipo de productos relacionados con el contenido audiovisual que estamos visualizando: ropa, objetos, vehículos e incluso comida, y todo ello en tiempo real. Imaginemos que la pareja protagonista de nuestra película entra a cenar en un restaurante japonés, y eso nos hace venir ganas de comer sushi. Con tan sólo un clic en la imagen se nos abrirá una web que nos permite encargar una cena nipona en menos de treinta minutos. Y eso estemos en Barcelona, Nueva York, Buenos Aires o Hong Kong. Y qué decir del universo que se abre al merchandising: apenas un clic y podremos adquirir la ropa y calzado de los personajes, muebles, vehículos e incluso espadas láser, mascotas o patines voladores. Es el paso siguiente del clásico *product placement*.

Por todo este fenómeno, la potenciación de las plataformas digitales se está acelerando de manera vertiginosa, dado que las grandes empresas ven los enormes beneficios que se esconden detrás de ellas. No es fabular excesivamente pensar en un futuro en el que el ocio y la información nos serán entregados de forma gratuita, mientras que las nuevas corporaciones se ocupan de financiar las películas para mayor regocijo de toda la industria.

Ingresos, retornos y dividendos

Estudiemos por lo tanto cuáles son, hoy por hoy, los métodos existentes para obtener ingresos con la explotación económica de una película u obra audiovisual. Dividiremos los medios en dos cuadros, tradicionales y nuevos, para establecer las distintas vías que ofrecen unos y otros.

LOS MEDIOS TRADICIONALES

Las salas de cine

- Compras o precompras de la empresa distribuidora.
- Explotación por venta de entradas por parte del exhibidor.
- Dividendos pagados por el distribuidor por número de entradas vendidas

DVD y Blu-Ray

- Compras o precompras de la empresa distribuidora de vídeo.
- Explotación por venta o alquiler de copias.
- Dividendos pagados por el distribuidor de vídeo por número copias vendidas y beneficios por parte de las empresas de alquiler.

La televisión

- Producción propia o coproducción con derechos de emisión.
- Compra con derechos de emisión.

LOS NUEVOS MEDIOS

Las plataformas de Internet

- Compras o precompras de la empresa distribuidora *online*.
- Explotación por número de visionados o sobre una base fija.
- Dividendos en función del número de visionados o sobre una base fija de renovación anual.

El universo Youtube

• Explotación por número de visionados.
• Dividendos en función del número de visionados.
• Coproducción o producción propia.

Otras plataformas de difusión (museos, plataformas de videojuegos o de realidad virtual)

• Retribución variable en cada caso pero por regla general basada en acuerdos o en función del número de visionados.

Las tipologías del espectador

Es importante notar que, con todo lo que hemos visto, no podemos hablar hoy de una transición radical entre los medios tradicionales –la sala de cine, el vídeo, la televisión– y los nuevos tales como las plataformas de distribución *online*. Existen distintas tipologías de espectadores, desde los que siguen asiduamente consumiendo el cine a través de las vías convencionales hasta los que únicamente lo hacen a través de Internet.

En parte estas variantes pueden deberse a la edad. El público de cierta edad prefiere seguir yendo a los cines o viendo la película que se programa en TV un domingo por la noche, y le resulta fastidioso hacerlo por otras vías. Por otro lado ciertas experiencias no son sustituibles. Ir al cine con la pareja o en grupo de amigos, salir y luego tomar algo comentando el film sigue y seguirá siendo uno de los grandes placeres del espectador cinéfilo. La función de socialización de la sala es evidente, incluso con el público más joven, que seguirá asistiendo a esas sesiones como un modo de disfrutar, estar juntos y conocerse.

El vídeo también sigue firmemente en pie, aunque cada año tenga menos adeptos, ya que su experiencia se equipara hoy fácilmente con la que se ofrece vía *streaming*. Sin embargo los adeptos al *home-cinema* que han invertido una gran cantidad en un equipo de proyección y de sonido de alta calidad, no están dispuestos a rechazar la excelente posibilidad que les brinda el soporte Blu-Ray, uno de los más afectados por la transición digital, ya que lo consideran superior en cuestiones técnicas. Además se puede crear una videoteca física para ver una y otra vez los títulos favoritos. El cine digital es virtual en todos los aspectos, y si el espectador siente placer por tener una colección en su casa, en una situación similar a la de una biblioteca, está claro que el catálogo de Netflix no puede competir con ese deseo.

Consumir cine en la era de Internet

Tal vez el público del futuro sea el que se moverá cómodamente entre todas estas ofertas. Cineastas reputados como Spielberg o Coppola han vislumbrado la posibilidad de que el cine en sala se convierta en un espectáculo similar a la ópera o los grandes eventos deportivos, con proyecciones de una resolución aún por inventar, cine estereoscópico, butacas extraordinarias de comodidad y sonido envolvente. Pero aún así, la creciente capacidad de imagen que presentan los dispositivos móviles nos dan a pensar que el futuro del cine ya no puede únicamente plantearse en una única pantalla.

Drive-in Cinema

Hoy en día se generan más películas que nunca y el nuevo espectador tiene la capacidad de elegir cuándo y cómo verlas. Un cineasta puede optar por focalizarse en sólo una tipología de espectador, y realizar su película con ese objetivo en mente, o al contrario, tratar de adaptarse a esta multitud de formas para generar una obra que pueda llegar a distintos tipos de público, sin duda una de las llaves del éxito del cine de mañana.

BIBLIOGRAFÍA

Arijón, Daniel, *Gramática del lenguaje audiovisual*, Autor-Editor, 1994.

Aumont, Jacques, *Estética del cine*, Paidós, 1985.

Bordwell, David; Thompson, Kristin, *El arte cinematográfico*, Paidós, 1995.

Brown, Blain, *Iluminación para cine y vídeo*, Escuela de cine y vídeo de Andoain, 2012.

Calvo Herrera, Concepción, *Distribución y lanzamiento de una película*, Alcalá Editorial, 2009.

Carrasco, Jorge, *Cine y televisión digital*, Universitat de Barcelona, 2010.

Chion, Michel, *El cine y sus oficios*, Cátedra, 2009.

Cloquet, Arthur, *Initiation à l'image de film*, Femis, 2010.

Corman, Roger; Jerome, Jim, *Cómo hice cien films en Hollywood y nunca perdí ni un céntimo*, Laertes, 1992.

Cuevas, Antonio, *Economía cinematográfica. La producción y el comercio de películas*, 2ª ed. actualizada a cargo de Ramiro Gómez Bermúdez de Castro, Imaginógrafo, 1999.

Feldman, Simon, *La realización cinematográfica*, Gedisa, 2015.

Fernández Díez, Federico; Blasco, Jaume, *Dirección y gestión de proyectos: aplicación a la producción audiovisual*, Edicions UPC, 1995.

Fernández Díez, Federico; Martínez Abadía, José, *La dirección de producción para cine y televisión*, Paidós, 1994.

Fernández Díez, Federico; Martínez Abadía, José, *Manual básico de lenguaje y narrativa audiovisual*, Paidós, 2003.

Figgis, Mike, *El cine digital*, Alba Editorial, 2008.

García Santamaría, Vicente, *La exhibición cinematográfica en España*, Cátedra, 2015.

Goldstaub, Marc, *La direction de production*, Femis, 1987.

Hart, John, *La técnica del storyboard. Guión gráfico para cine, TV y animación*, IORTV, 2001.

Goodridge, Mike, *Dirección cinematográfica*, Blume, 2014.

Jaraba, Gabriel, *Youtuber*, Ma Non Troppo, 2015.

Katz, Steven D., *Film directing shot by shot*, Michael Wiese Prod. , 1991.

Linares Palomar, Rafael, *La promoción cinematográfica*, Fragua, 2009.

Loiseleux, Jacques, *La luz en el cine*, Paidós, 2005.

MacLeod, Steve, *Postproducción del color*, Blume, 2009.

Marimón, Joan, *El montaje cinematográfico*, Universitat de Barcelona, 2014.

Martínez Abadía, José; Fernández Díez, Federico. (2010). *Manual del productor audiovisual*, Editorial UOC, 2010.

Martínez Abadía, José; Serra Flores, Jordi, *Manual básico de técnica cinematográfica y dirección de fotografía*, Paidós, 2004.

Matamoros, David (coord.), *Distribución y marketing cinematográfico. Manual de primeros auxilios*, Universitat de Barcelona, 2008.

McKee, Robert, *El Guión*, Alba Editorial, 2009.

Millerson, Gerald, *Video manual de producción*, Escuela de Cine y Video de Andoain, 2011.

Murch, Walter, *En el momento del parpadeo*, Ocho y medio, 2003.

Ondaatje, Michael, *Walter Murch y el arte del montaje*, Plot Ediciones, 2007.

Peláez Barceló, Antonio, *Montaje y postproducción audiovisual*, Altaria, 2015.

Quiroga, Elio, *Luz, cámara, ¡Bits!*, Dolmen Editorial, 2015.

Rabiger, Michael, *Dirección cinematográfica. técnica y estética*, Omega, 2009.

Randall, John, *Películas de bajo presupuesto*, D.O.R.S.L Ediciones, 2001.

Seger, Linda y Whetmore, Edward J., *Cómo se hace una película*, Ediciones Robinbook, 2004.

Shenk, Sonja; Long, Ben, *Manual de cine digital*, Anaya Multimedia, 2012.

Snyder, Blake, *¡Salva al gato! El libro definitivo para la creación de un guión*, Alba Editorial , 2010.

Simpson, Robert S., *Manual práctico para producción audiovisual*, Gedisa, 2009.

Tubau, Daniel, *El guión del siglo 21*, Alba Editorial, 2011.

VV.AA. , *Bases del cine 03: Dirección*, Parramón, 2015.

VV.AA. , *Postproducción digital: una perspectiva contemporánea*, Dykinson, 2015.

Worthington, Charlotte, *Bases del cine 01: Producción*, Parramón, 2015.

Wurmfeld, Eden H.; Laloggia, Nicole, *Independent filmmaker's manual*, Focal Press, 2004.

AGRADECIMIENTOS

Dedicado a Alicia y Paula, a mi familia y a mis amig@s por no resignarse a mis ausencias cada vez que me embarco en una aventura. Por estar siempre a mi lado, quererme y darme ese punto necesario de crítica sincera, soporte moral y dosis de cordura. También a tod@s con los que he compartido trayectos, aventuras, momentos buenos y malos, porque todos esos momentos son los que nos hacen crecer y aprender.

Isidre Monreal

Quiero agradecer a mi familia, a Saloua y Lisa, a mis padres, a los que están y los que ya no, a mis amigos por sus buenos consejos, locura e inspiración inagotable, a los colaboradores y compañeros de profesión que compartieron infinitas horas de trabajo, alegrías y lágrimas, a Ferran Folch por sugerir esta aventura y a todos los que cruzamos en conversaciones, clases e incontables proyecciones.

Arnau Quiles

Los autores quieren agradecer a Anna Prat sus gráficos y esquemas, a Jordi Barrero, Ariadna González y Marc Solé por dejarse hacer fotos exprofesas para este libro, a los compañeros de los estudios de comunicación de la Universitat Rovira i Virgili. Y extensible a tod@s los compañer@s que aparecen en nuestras fotos de rodajes y trabajos varios, porque su inclusión, además de servir para ilustrar, también pretende ser un tributo a la amistad y al muy buen hacer profesional.

En la misma colección Ma Non Troppo / Taller de:

Taller de música:

Cómo potenciar la inteligencia de los niños con la música - *Joan Maria Martí*

Ser músico y disfrutar de la vida - *Joan Maria Martí*

Aprendizaje musical para niños - *Joan Maria Martí*

Cómo desarrollar el oído musical - *Joan Maria Martí*

Cómo preparar con éxito un concierto o audición - *Rafael García*

Técnica Alexander para músicos - *Rafael García*

Entrenamiento mental para músicos - *Rafael García*

Musicoterapia - *Gabriel Pereyra*

Cómo vivir sin dolor si eres músico - *Ana Velázquez*

El lenguaje musical - *Josep Jofré i Fradera*

Mejore su técnica de piano - *John Meffen*

Guía práctica para cantar - *Isabel Villagar*

Guía práctica para cantar en un coro - *Isabel Villagar*

Técnicas maestras de piano - *Stewart Gordon*

Cómo ganarse la vida con la música - *David Little*

Home studio: Cómo grabar tu propia música y vídeos - *David Little*

Aprende a improvisar al piano - *Agustín Manuel Martínez*

Cómo leer música - *Harry y Michael Baxter*

Taller de teatro:

El miedo escénico - *Anna Cester*

La expresión corporal - *Jacques Choque*

Cómo montar un espectáculo teatral - *Miguel Casamayor y Mercè Sarrias*

Manual del actor - *Andrés Vicente*

Guía práctica de ilusionismo - *Hausson*

El arte de los monólogos cómicos - *Gabriel Córdoba*

La práctica de los monólogos cómicos - *Gabriel Córdoba*

Taller de escritura:

El escritor sin fronteras - *Mariano José Vázquez Alonso*

La novela corta y el relato breve - *Mariano José Vázquez Alonso*

Cómo escribir el guión que necesitas - *Miguel Casamayor y Mercè Sarrias*

Taller de comunicación:

Periodismo en internet - *Gabriel Jaraba*

Youtuber - *Gabriel Jaraba*

¡Hazlo con tu smartphone! - *Gabriel Jaraba*